〝壁〟は年齢ではなくデジタル

「シニア」でくくるな！

マーケティングアナリスト
芝浦工業大学デザイン工学部教授
原田曜平

日経BP

はじめに

2025年は「問題」ではなく「好機」

「２０２５年問題」が目前に迫っている。

「２０２５年問題」とは、日本で最大のボリュームを誇る「団塊の世代」の人たちが全員75歳以上の後期高齢者になるのが〝完了〟することによって起こる様々な深刻な問題を指す。社会保障費の負担が増大したり、医療・介護体制の維持が困難になったりするマイナス面が強調され、対策の必要性が叫ばれているのは周知の通りだ。

だが、２０２５年問題は実は負の側面だけではない。「消費」という観点から見ると、もう一つのプラスの顔が見えてくる。それは、団塊の世代が加わることで、75歳以上の人口が２１８０万人になり、国民の5人に1人が含まれる、**史上最高、世界最大級の後期高齢者マーケットが誕生する**ということだ。人口減の日本の中で唯一増え続けてきたボリューム層が、いよいよクライマックスの時を迎える。これを契機に、後期高齢者のみならず、前期高齢者を含めた約3600万人の高齢者市場にスポットライトが当たってもおかしくない。マーケットにとっては紛れもなく〝好機〟だからだ。

しかし、世間ではもっぱら「問題」としてマイナス面ばかりが取り沙汰され、誕生する巨大なマーケットに興味や期待を寄せる企業は少ない。企業にマーケティングを指南するマーケターや広告パーソンも関心が薄いと言わざるを得ない。なぜそうなるのか。理由はシンプルだ。高齢者マーケティングは分からないことが多過ぎるからだ。

まず、今、事業戦略やマーケティングを実際に担っている現役世代は、自分自身が「高齢者」や「前期高齢者」「後期高齢者」になった経験が、当然のことながらない。そのため、実感と経験に基づく、ニーズや行動の想定、仮説の構築、理解、検証などが行いづらい。その点、Z世代など若年層がターゲットであれば、自分たちも過去に同じ年代を経験してきているので、ある程度、推測もできるし、理解しやすい気がする。例えば、若年層の恋愛はツールや環境こそ違えど、考え方や行動は昔も今も変わらない部分も多い。

だが、ターゲットが高齢者となると話は別だ。特に後期高齢者は、現役世代にとって未知の領域であり、その分扱いづらい。それらの理由もあって、少なくともマーケティングとしてはほぼ手つかずの〝空白地帯〟となっている。目の前に巨大なマーケットが口を開けて待っている。それなのに攻め手に欠く。ひと言でいえば、実にもったいない、由々しき事態だ。

分からないなら、理解ができるように調査、分析という工程を踏まえ、攻略法を提示していく。それが、大学で教鞭を執り、マーケティングを専門としている筆者（原田曜平）の使命であると考えている。本書は、２０２５年問題を前に、そうした思いとプロセスを経てまとめ上げたシニアマーケティング攻略本だ。過去に「さとり世代」などの流行語を生み出し、現在はZ世代など若者研究を生業とし、世代論にも精通する筆者が、初めてシニア世代についてマーケティング的な視点で論じた、唯一無二の内容となっている。

ワクチンの副反応で人生が一変した父

２０２５年問題直前というタイミング以外に、筆者にはもう一つ、本書を世に出さなければならないと思った強烈な出来事がある。それは、私の父がきっかけとなっている。読者の中には知っている方がいるかもしれないが、２０２１年5月、父はある悲劇に見舞われた。新型コロナウイルス感染症のワクチン接種による副反応が強く出てしまい、集中治療室で一時は命が危ぶまれる状態に陥った。一命は取り留めたが、以降、入退院を繰り返し、以前とは比べものにならないほど、心も体も弱り切ってしまった。

２０２４年現在、父は85歳。世代でいうと「戦後焼け跡世代」に属する（世代論を論考した第2章参照）。貧しい家庭に育ったが、豊かになりたくてがんばって早稲田大学に進学し、証券会社に就職したものの、海外での活躍を夢見て、中途入社試験を受けて大手商社に転職。商社マンとして、南アフリカ、オーストラリアに駐在し、筆者が高校生の時にはフィリピンのマニラに赴任。広い邸宅に住み、何人かの使用人も雇う生活を送った。貧乏からはい上がり、ある程度裕福になった、いわば戦後日本のプチ成功モデルの一つといえるかもしれない。商社を定年退職後も、団体などで職を見つけ、60代後半まで働き続けた。

70代は仕事をしなくなった。スマートフォンは使えなかった。それでもパソコンに興じたり、グルメに舌つづみを打ったりするなど、とにかく消費欲旺盛で、人生を謳歌していた。パソコンを操作できた点でいえば、父は本書でいうところの〝デジタル高齢者〟だった。デジタルが使えて、元気で、お金も使って、ある意味、優良な消費者でもあったのだ。他方、母はスマホが使えてLINEでのやり取りやYouTubeの視聴を楽しみにしている。その点で、母もデジタル高齢者だ。

激変する高齢者像、その要に「デジタル」

だが、〝あの日〟を境に、彼らの楽しい老後が一変した。副反応で奈落の底に突き落とされた。父は、パソコンも使えなくなり、デジタル高齢者ではなくなったのだ。デジタルが使えた時はあんなに人生を謳歌していたのに、それが今では一気に衰弱し、認知症も進んだ。

そんな父を見て、筆者が注目したのが、**「高齢者とデジタルの関係」**だった。元気だったからデジタルができたのか、逆にデジタルをやっていたから元気だったのか。どちらであるかは定かではない。しかし、そこには深い相関関係があると感じた。考えてみれば、デジタルが使えれば、近くのスーパーでしか買い物ができなかったのが、インターネットによって全国、いや全世界でショッピングが可能になる。消費金額がアップし、消費範囲も一気に広がる。あるいは、母のようにLINEもやれば、YouTubeも見る高齢者になれば、交友範囲や興味の範囲も広がっていく。結果、意欲的になり、行動的になり、元気になる。デジタルは高齢者にとっても無限の可能性を秘めている。

それは、今までとは違う、新しい高齢者像だ。振り返れば、小学生の時に亡くなった筆者の祖父は元医者で、引退してからはずっとテレビの前にいて、大相撲とジャイアンツ戦を見て、時々居眠りをしていた。夕食後は風呂に入って寝る。ただそれだけの毎日だった。祖父の時代は、それが引退後の大半の高齢者像だったといえるだろう。

ところが今の高齢者は違う。元気な頃の父はパソコンもやれば、グルメを求めて外出もする。母はLINEやYouTubeを楽しむ。明らかに高齢者のライフスタイルが激変している。その変化の要となっているのがデジタルなのではないか――。元気で消費欲旺盛だった父。元気がなくなり、何もできなくなった父。であれば、「デジタル」というキーワードこそが高齢者マーケティングをひもとく鍵。そう、筆者は仮説を立てたわけである。

本書では、高齢者とデジタルの関係について、調査結果を基に深く考察した。さらに、その結果から高齢者マーケティング攻略の答えを導き出した。２０２５年へのカウントダウンが始まった。残された時間はそう多くはない。本格的なマーケティングがいまだ行われていない、未踏の高齢者市場に切り込むのは今をおいてほかにはない。本書が刺激となり、そのきっかけになれば本望である。

「シニア」でくくるな!〝壁〟は年齢ではなくデジタル

目次

第2章
高齢者世代論

第3章

第4章

第5章

デジタル高齢者マーケティング実践編

第6章

第1章

アクティブシニア
信仰は
なぜ崩壊したのか？

高齢者を
ひとくくりにするな！

平成アクティブシニアバブル勃発

2000年代前半、平成も半ばに差し掛かろうとしていた時代、日本のマーケティング業界は、あるキーワードが席巻し、バブル状態になっていた。言わずと知れた「アクティブシニア」だ。アクティブシニアとは、現代的な定義でいうと、仕事や趣味、あるいは消費活動や地域貢献活動に積極的な、文字通り高齢になっても活発なシニア層のこと。だが、その時代は、主に「消費」を意欲的に行うシニア層を指した言葉だった。

日本が高齢社会になるということは、それに伴ってアクティブシニアも一気に増えることを意味する。企業が商品やサービスのターゲットにすれば、莫大な利益が転がり込んでくる……。そんな見立てによって、多くの企業で〝アクティブシニア信仰〟がまん延していた。

仕掛けたのは主に広告代理店だ。当時、筆者である原田は大手広告代理店に勤務し、同僚と共に得意先に広告やキャンペーンを企画する忙しい毎日を送っていた。そうした中、自分を含め多くの企画書にも躍っていた言葉がアクティブシニアだったのだ。

社会や企業が環境問題を重視する姿勢が顕在化してきた時代でもあったため、「エコ」という言葉もてはやされ始めたころだ。だが、アクティブシニアは同等か、それ以上に、広告パーソンが企画を売り込む際に使える最強かつ鉄板のテーマとなった。「高額商品が飛ぶように売れる」「本命は豪華客船クルーズ」「海外旅行に頻繁に行くのは当たり前」――。関係者の間ではそんな高齢者像がまことしやかにささやかれ、企業側もその提案を受け入れ、すべての業界がアクティブシニアの熱に浮かされた。

「団塊の世代が高齢者に」が発端

アクティブシニアバブルの着火点は何か。発端の一因となったのが、団塊の世代（1947～49年に生まれた人々）の存在だ。平成とは、消費やマーケティングの観点で見た場合、ひと言でいえば、「若かった団塊の世代が前期高齢者（65歳以上、75歳未満）になるまでの歴史」だ。平成元年（89年）、団塊の世代はまだ40～42歳だった。それが平成中期の15年になると、その彼ら、彼女らも54～56歳になる。すなわち、あと10年もすれば高齢者になるカウントダウンが始まった時期であり、これが２０００年代前半に当たる。

「近い将来、団塊の世代が高齢者になる」。この事実が、新たな市場を模索する多くののビジネスパーソンや経営者の心を揺さぶった。そこで、企業を巻き込み、広告業界、マーケティング業界で起こったのが、アクティブシニアの大合唱だったのだ。「これからは高齢者マーケティングの時代」「市場をけん引するのは、消費意欲旺盛なアクティブシニア」。関係者の間では、そんな言葉が勇ましく飛び交った。

くしくも、時代は少子化が加速し、２００５年には日本の総人口が戦後初めて前年を下回るなど、人口減少社会の幕開けに業界関係者は震撼《しんかん》していた。そんな中、唯一の望みであり、拡大が見込める高齢者市場が脚光を浴び、マーケティングや広告業界はこぞって参入し、初めて本格的にシニア攻略戦を繰り広げるようになったのだ。

読み違えた、アクティブシニアマーケティング

結果、どうだったのか。結論から言うと、業界関係者が描いた青写真通りにはまったくいかなかった。確かに高齢者の人口ボリュームは増え続けた。だが、そうして増加していった高齢者を全体的に見ると、必ずしも「アクティブ」にならなかった。一部の層を除き、豪華客船に乗ってクルーズなどしないし、海外旅行にも思ったほど頻繁に行かなかった。期待していたほど消費が爆発しなかったのである。

大きな誤算だった。笛吹けども踊らずの状況が続く中、マーケティングや広告の費用対効果は悲惨な状況で、マーケターも広告パーソンも、そして多くの資金をつぎ込んだ企業も、大半のゲーム参加者が肩透かしを食らった。アクティブシニアマーケティングは完敗

したのだ。

読み違いはどうして起きたのか。**理由の一つが、多くの企業が高齢者をひとくくりにしてしまったこと**だ。一般的に65歳以上を高齢者（シニア）という。広告業界では、通常、Ｍ1＝男性20〜34歳、Ｍ2＝男性35〜49歳、Ｍ3＝男性50歳以上、Ｆ1＝女性20〜34歳、Ｆ2＝女性35〜49歳、Ｆ3＝女性50歳以上などとターゲットを分類する。さらに、より細かく、年齢や性別、居住地、家族構成、職業、年収、価値観、ライフスタイルなどをまるで実在する人物のように設定して、商品やサービスのペルソナマーケティングを行うこともある。つまり、セグメントを行い、マーケティング戦略に生かしているわけだ。

しかし、当時のアクティブシニアマーケティングはターゲットを「高齢者」として一緒くたにしてしまった。本来であれば下の世代と同様にセグメントし、ターゲットとなる世代を見極め、必要に応じて細かくペルソナを設定すべきところだ。しかし、誰にとっても、本格的な高齢者マーケティングは未経験かつ未知数だった。

唯一分かっていたのは、高齢者が増え続け、あと10年もすれば団塊の世代という巨大な固まりが乗っかり、市場が膨張するという未来図だけだっだ。それを唯一のよりどころとして、アクティブシニアという希望的観測に突き動かされ、わき目もふらずまい進した。結局、そうした**大ざっぱな高齢者マーケティングが失敗を招いた。**

戦争をくぐり抜けた世代は価値観が異なる

そうであれば、細かく調査を行って、そこから需要やターゲット層を見極めればよかったのではと思うだろう。だが、高齢者の場合、それが実に難しい。2000年代に入ると、インターネット調査が主流となり、ネットにアクセスできる高齢者が少ない状況では、調査自体がままならないからだ。

平成中期となれば、2024年に比べてインターネットを利用している高齢者はごく少数派である。そうした環境もあって、調査によって見いだされるはずの〝売れる根拠〟がないまま、突き進んでしまった。これも敗退原因の一つだ。

さらに、もう一つ失敗の原因を挙げるとするならば、「時代が少し早かった」こともあるだろう。アクティブシニアマーケティングが活発化した平成中期、期待された団塊の世代はまだ現役であり、彼らがシニアになるまでには、10年を待たなければならなかった。世代論を解説する第2章で説明するが、**戦後生まれの「団塊の世代」とそれ以前の「戦中・戦前生まれの世代」とでは、価値観が全く異なる。**後者は、幼少期に戦争をくぐり抜けてきた世代であり、戦後に生まれ、中高生の時にザ・ビートルズを聴いて育ち、20代でマクドナルドのハンバーガーを食べてきた団塊の世代とは、生き方も考え方も全く異なる。団塊の世代は、基本的に新しいものが好きであり、新発売や日本初、世界初の商品やサービスに飛びつきやすく、その点で消費意欲がワンランク上だ。

一方、戦中・戦前の世代は対照的なほど堅実だ。出費は控え、つつましく生活することを美徳とする、いってみれば日本の古くからの高齢者像を、そのまま引き継いだタイプだ。平成の高齢者マーケティングは、蓋を開けてみれば、主役の大部分がそうした古風な高齢者だった。全体的に見れば、消費は活発でなく、当然「アクティブ」ではない。この読み違えも敗北の原因の一つだった。

中高年を〝切り捨てよ〟企業の誤った決断

平成のアクティブマーケティングの失敗は、マーケティング業界、広告業界、さらには企業にとってダメージとなり、トラウマとして以後のビジネスでも引きずることとなった。ついてしまったイメージは「高齢者は消費しない」というレッテルだ。基本的にマーケティングの対象から外す——。それが多くの企業が下した決断だった。

その象徴的な出来事がある。2020年3月、ビデオリサーチが全国で本格的に個人視聴率の提供をスタートさせた。そのデータを基に、主要テレビ各局が地上波の広告枠を販売する際の指標として「コア視聴率」の採用を始めたことだ。

コア視聴率とは、テレビ局によって多少異なるが、「13〜49歳の個人視聴率」と定義されることが多い。テレビＣＭのスポンサーである企業にとって、コア視聴率の対象となる視聴者は商品やサービスを買ってくれる購買力のある層とされる。つまり、主なテレビ局は13～49歳をターゲットとして番組を制作し、テレビＣＭを販売する方針としたのだ。つまり、それ以外となる50歳以上の中高年を、言葉を選ばずに言えば〝切り捨てた〟ということだ。

50歳以上と書いたが、実質的には高齢者を切り捨てたと同義だ。これは、アクティブシニアマーケティングの失敗と無縁ではない。この失敗によって、「高齢者は消費をしない」という印象が色濃く残り、企業側がテレビ局に対して、「消費をしない高齢者にテレビＣＭを打っても意味があるのか」と疑問を呈するようになったと考えられる。

テレビ局はそうした圧力を跳ね返すことができず、コア視聴率の採用と番組の若返りを決行せざるを得なくなった。

祭り上げられ、捨てられた高齢者

その結果、地上波から、高齢者向けの番組が一掃された。２０２１年、ＴＢＳで１９８９年から放送されていた『噂の!東京マガジン』は、ＢＳ-ＴＢＳへの移行を余儀なくされた。同年、テレビ朝日でも、『パネルクイズ アタック25』が46年の歴史に幕を下ろし（２０２２年BSJapanextで復活）、22年春、27年間続いた『上沼恵美子のおしゃべりクッキング』も打ち切りとなるなど、高齢者の視聴が多かった番組が軒並みBS送りか、終焉《しゅうえん》を迎えている。

また、24年3月、ＴＢＳの『サンデーモーニング』は司会の関口宏を降板させ、後任に膳場貴子を起用するなど、番組は続いても出演者の若返りは待ったなしで推し進められている。

その他の番組も、対象とする視聴者は40代以下の比較的若い世代で、出演者は若手の俳優やミュージシャン、お笑い芸人などがメイン。高齢者にファンが多い、文化人や芸能人は徐々に姿を見なくなっているのが実態だ。

その代わり、そうした有名人はBSで番組を持つケースが多い。関口宏はBS-TBSで2つの番組の司会を担当することになり、武田鉄矢が司会を務めるBSテレ東の『武田鉄矢の昭和は輝いていた』が人気を博するなど、BSは高齢者のチャンネルとして存在感を高めている。

こうした流れを見ても分かる通り、高齢者は広告業界、マーケティング業界、企業の間で翻弄され続けている。端的にいえば、**「勝手にアクティブシニアに祭り上げられ、消費しないからといって、勝手に切り捨てられた」**わけだ。これは、高齢者にとっても、企業側、マーケティングや広告の業界側にとっても、不幸と言わざるを得ない。

令和は、「団塊ジュニアが高齢者になる」

では、高齢者は広告やマーケティングの世界で、このまま放っておかれてよいのだろうか。当然の話だが、そんなことは断じてない。そう言い切れる理由をいくつか挙げていこう。

最初に、言うまでもなく、高齢者の全人口に占める割合は今後も増え続けるからだ。高齢者（65歳以上）の人口は、３６２３万人（23年9月15日時点の推計）で、総人口に占める割合は29・1％と過去最高を記録している。75歳以上の後期高齢者の人口は、初めて２０００万人を超えた。団塊の世代が22年から75歳を迎えていることが要因と考えられる。

国立社会保障・人口問題研究所の推計では、高齢者の割合は今後も上昇を続け、第２次ベビーブーム期（１９７１～74年）に生まれた「団塊ジュニア世代」が65歳以上となる２０４０年には34・8％、２０４５年には36・3％になると見込まれている。すなわち、**令和時代は世代論的観点からひと言で表現すれば、「団塊ジュニアが高齢者になる時代」**だ。

今こそ、平成時代に敗北したトラウマから抜け出し、令和の時代の新たなシニアマーケティングに取り組むべき時を迎えている。

高齢者人口及び割合の推移（1950年～2045年）

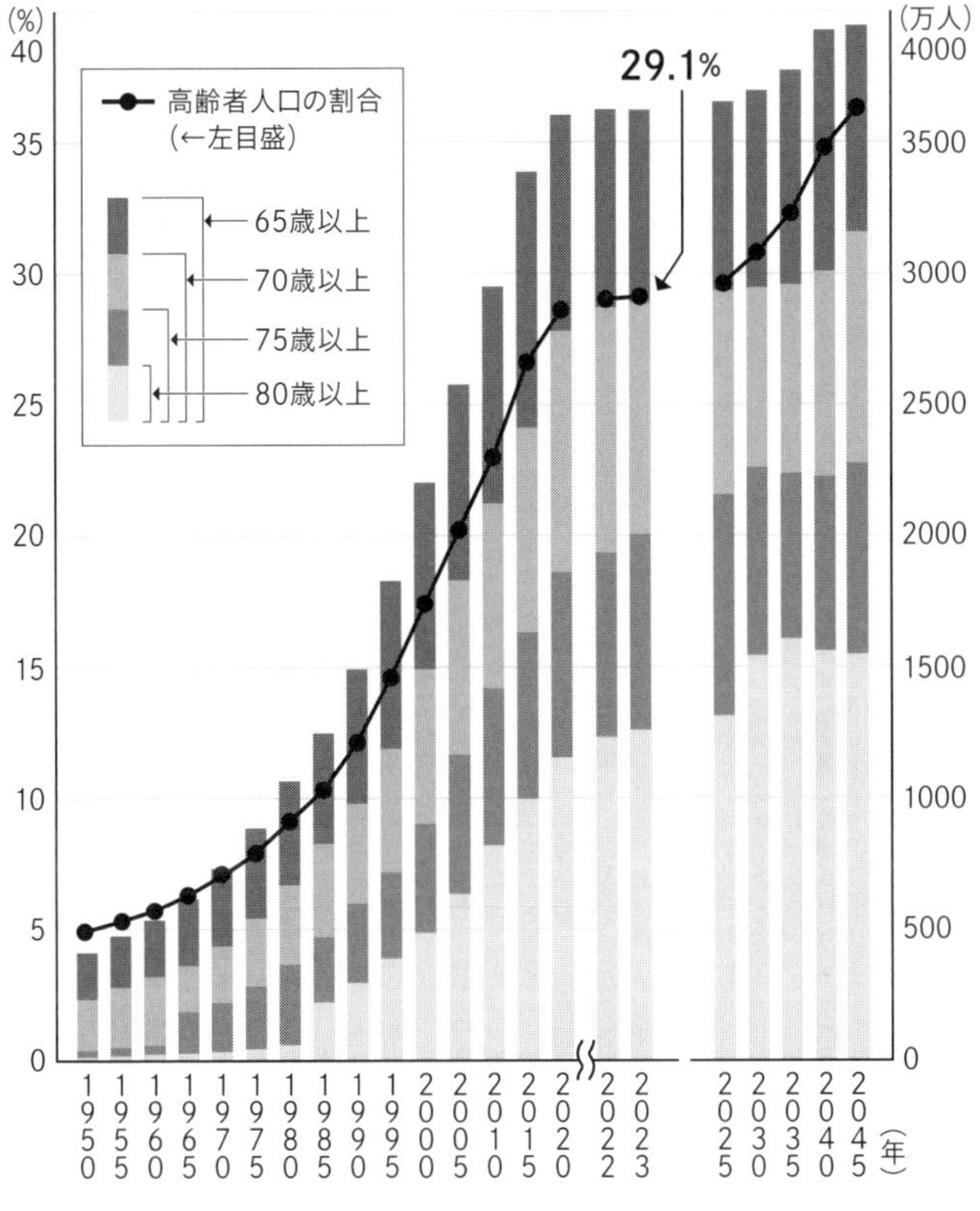

総務省　「統計からみた我が国の高齢者」から作成
資料：1950年 ～ 2020年は「 国 勢 調 査 」、2022年及び2023年は「人口推計」
2025年以降は「 日本の将来推計人口 （ 令和5年推計）」出生（中位）死亡（中位）
推計（国立社会保障・人口問題研究所）から作成
注1）2022年及び2023年は9月15日現在、その他の年は 10月1日現在
注2）国勢調査による人口及び割合は 、2015年までは年齢不詳を案分した結果、
2020年は不詳補完結果
注3）1970年までは沖縄県を含まない

実は金を使いまくる高齢者

さらに、見ておきたいのが、高齢者消費のインパクトだ。いかに総人口に対する割合が大きくても、彼ら、彼女らが消費をしてくれなければ、企業のターゲットにはなり得ない。

だが、総務省が実施した２０２３年家計調査によると、60代以上の消費支出の割合は既に約50％に達している。区分が60〜69歳、70歳以上となっているため、65歳以上という高齢者の定義とは若干ずれるが、大雑把には合致していると考えて差し支えはないだろう。すなわち、単に人口割合が多いだけでなく、**消費割合でも高齢者は主要プレーヤーに躍り出ている**のが実態だ。

世帯主の年齢別家計消費支出の割合

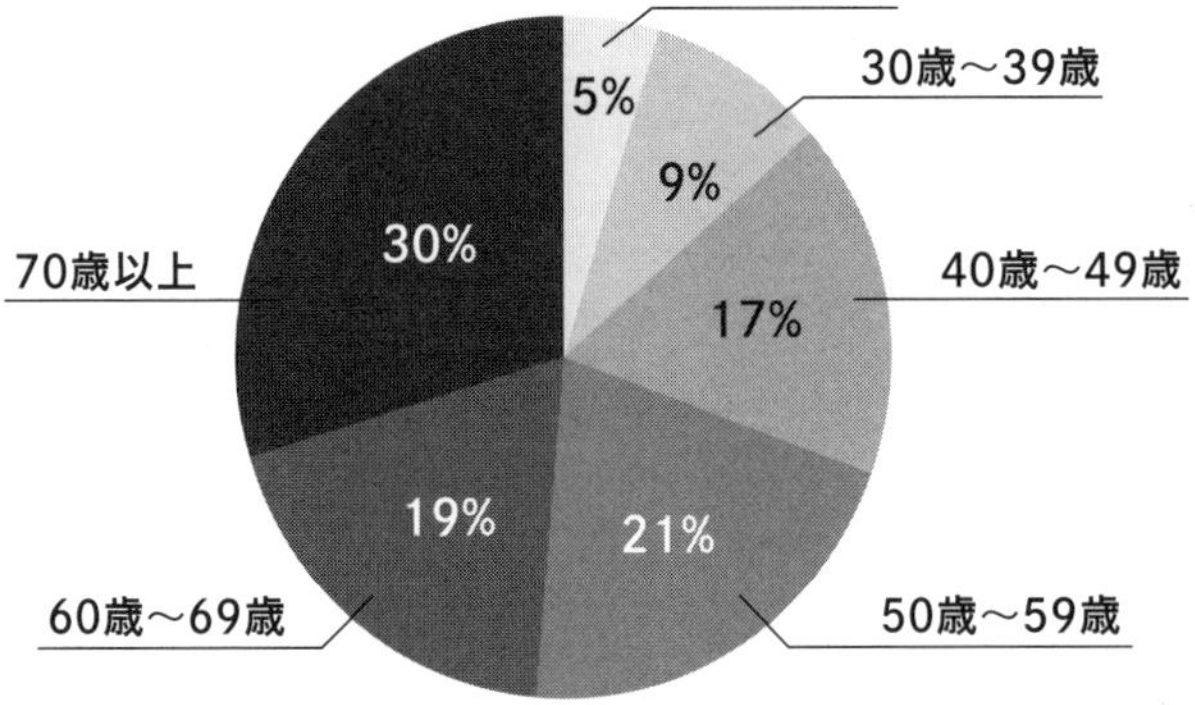

総務省「2023年家計調査」を基に作成

また、**年間の収入は50～59歳を境に減少傾向にあるが、貯蓄がそれを補う**点も消費を考える上でメリットとなる。60歳以上の平均貯蓄額は、50～59歳の実に約１・４倍となっている。消費の財源は、年収に加えて貯蓄からの切り崩しが想定され、年収減少のデメリットを補完できる可能性は十分にある。

加えて、近年の傾向として高齢者消費の追い風となるのが、65歳以上の就業者が増加していることだ。近年、話題となった「老後２０００万円問題」や「人生１００年時代」など、国が喧伝《けんでん》するスローガンに踊ら

年代別世帯当たりの平均貯蓄、負債、年間収入

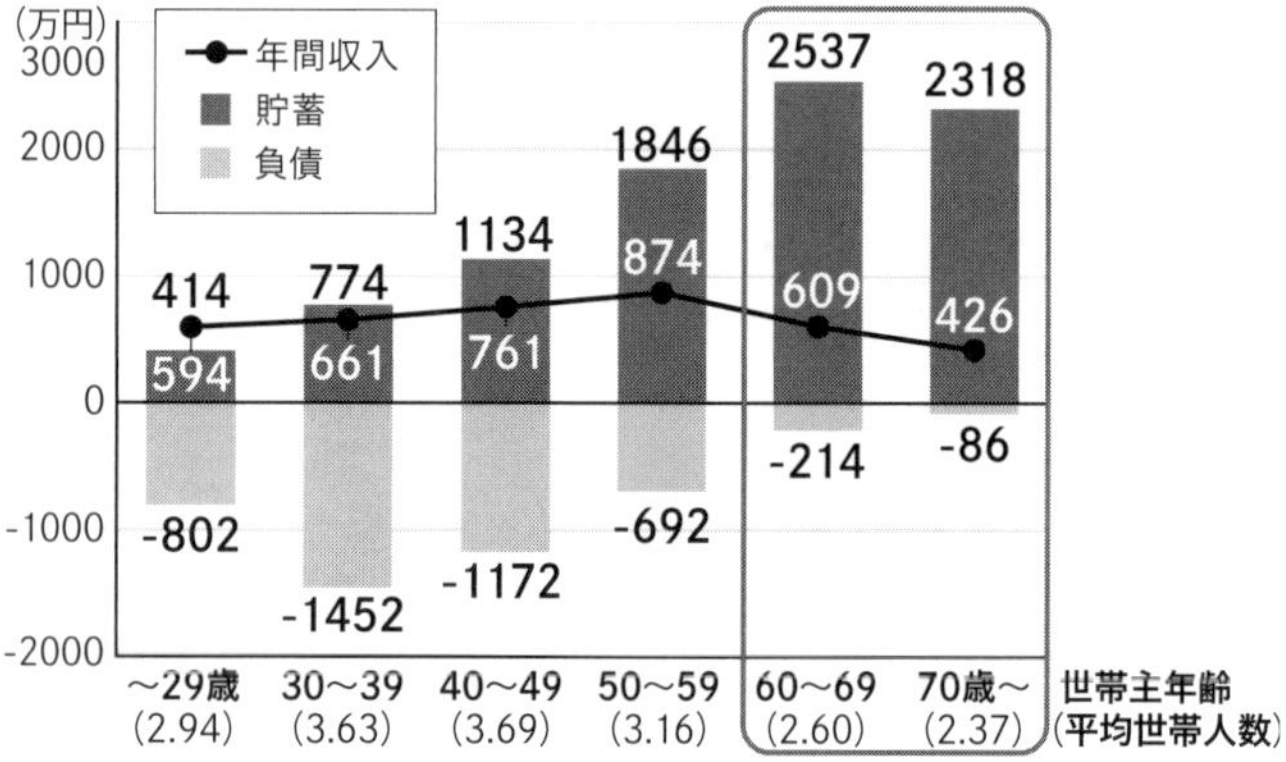

総務省「家計調査（二人以上の世帯）」（令和３年）を基に作成

65歳以上の就業状況

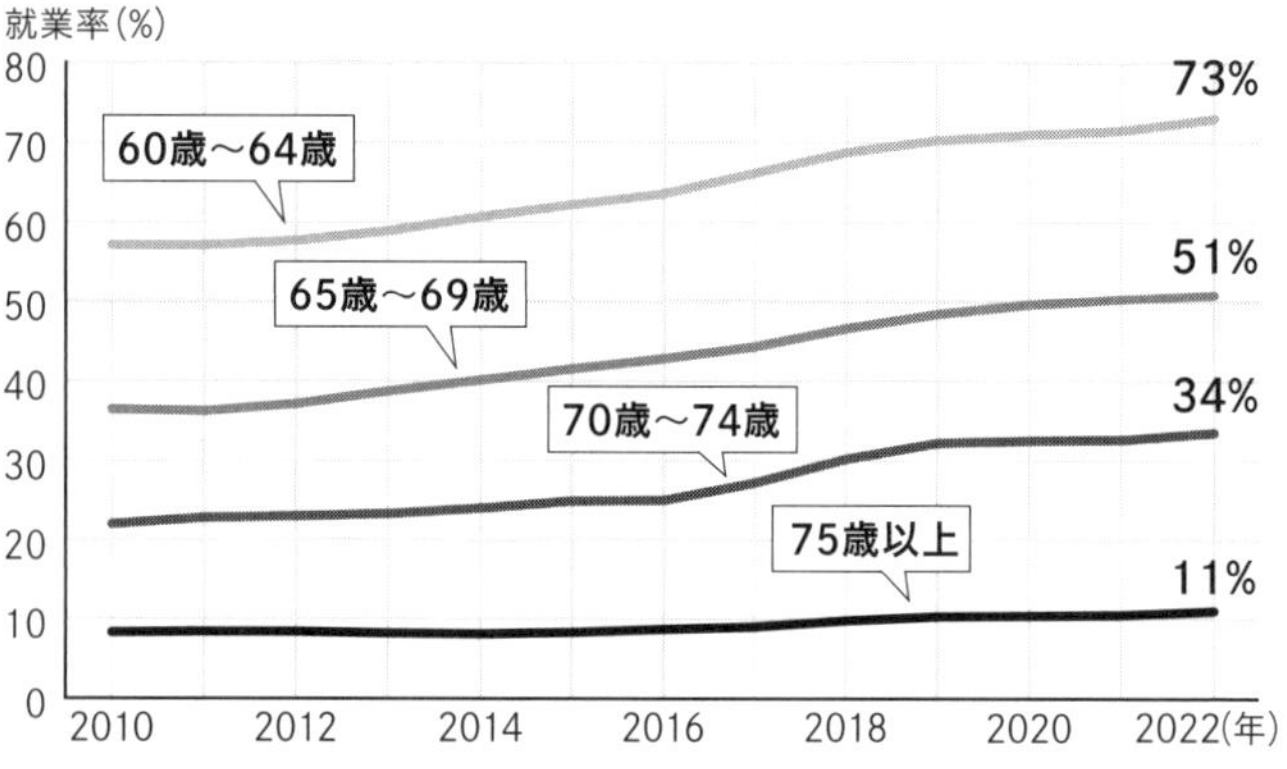

内閣府「令和５年版高齢社会白書」を基に作成

されている感もあるが、現実として家計を補う観点から、もはや高齢になっても仕事を続けるのが、当たり前のライフスタイルになりつつある。

実際、内閣府の調査では、65～69歳の半数、70～74歳の3割強が働き続ける選択をしている。今後も**就業増によって高齢者の年間収入が増加し、現在より消費支出が活発化することも予想される**のだ。

今後20年が、高齢者マーケティングの〝黄金期〟

さらに、言及すべきことがある。それは**平成と令和では、高齢者像が激変する**ことだ。まず、平成とは主役が交代する。高齢者のボリューム層となるのが、団塊の世代以降の戦後世代だ。

現在、75歳以降の後期高齢者になりつつある団塊の世代に加え、新たに高齢者として流入してくるのが、ＤＣブランドブームに明け暮れ、憧れの新婚旅行先が従来の熱海からハワイに変わった「しらけ世代」。さらに、高度経済成長期に育ったため消費意欲が高い「新人類世代」、そして、昭和末期の好景気を体感した「バブル世代」など、従来の高齢者より消費を好む世代が隊列を成して続々と高齢者市場に参入してくる。いわば、消費志向が高い高齢者の人口ボーナスが、令和の時代は続くのだ。

後に続く、団塊ジュニア世代は、人口が多いため高齢者ボリュームの増加には貢献するが、この世代は、バブル崩壊後の就職氷河期を経験し、その後の世代も、日本が長いトンネルに入る「失われた30年」を生きたロスジェネであり、消費という点ではどちらかといえば「堅実志向」だ。言ってみれば昔の日本人像に逆戻りしている。団塊ジュニアからゆとり世代までは人口ボリュームも減ることから、高齢になったときの消費はあまり期待できないかもしれない。

そうした点で見ても、団塊の世代、しらけ世代、新人類世代、バブル世代と続く**今後約20年が、高齢者マーケティングにとっての黄金期になる可能性は十分にある**。日本の高齢者マーケティングは、今からが本番なのだ。

高齢者を乱暴にひとくくりにしない

ただし、平成のアクティブシニアの失敗を繰り返すことは許されない。先ほど挙げた、平成の高齢者マーケティングが失敗した理由を思い出してほしい。必ず押さえなければならないポイントは、高齢者をひとくくりにしないことだ。

筆者がライフワークとして力を入れてきた若者マーケティングでは、「ミレニアル世代（１９８０年代前半から90年代半ばまでに生まれた人）」に始まり、「Z世代（１９９７年～２００９年に生まれた人）」「α世代（２０１０年から24年ごろまでに生まれる人）」など、世代で区分して考える手法が一般的だ。

それに対し、高齢者は従来、世代論で語られることがなかった。乱暴に「高齢者」とくくられ、60代も70代も80代も同じセグメントとして扱われる見方が少なくなかった。

少し考えてみれば分かることだが、違う時代を生きてきて、考え方やライフスタイルが異なるのに、一緒にくくれるわけがない。まずは**高齢者という一群で見てしまうあしき慣習を改める**ところから始めるべきだろう。

高齢者はまず「世代」で考えろ

では、どうすれば高齢者を一緒くたに見てしまう呪縛から逃れることができるか。まず最初にとるべき有力なアプローチとなるのが、筆者が長年、研究してきた世代論と掛け合わせることだ。高齢者にはどんな世代がいて、どのような時代を生きて、どういった価値観を持っているか。それを理解せずして高齢者マーケティングは行えない。高齢者の世代論については、第2章で詳しく解説する。

もう一つ重要なことは、世代論を踏まえた上で、高齢者の中でもターゲットとなる優良な消費者を探し出すことだ。平成の時代は、データを用いた調査が十分でなく、失敗する一因となったことは既に述べた。私たちはこれを反省点として、高齢者に対して大規模な調査を行った。調査方法は、家族、介護スタッフ、調査員が本人から聴取して代理回答する聞き取り調査と、本人自身がウェブ上のアンケートにアクセスして回答する2つの方法を採用した。その結果、明らかになった高齢者の実態を第3章で詳述する。

さらに、第4章では、その定量調査を踏まえて高齢者をタイプ別に分類し、第5章では、高齢者マーケティングに成功している企業の具体例、そして、最後に累計発行部数が80万部を突破したベストセラー『80歳の壁』の著者であり、高齢者医療専門の精神科医、和田秀樹氏と筆者による特別対談を収録した。

では、早速、高齢者の世代論から話を進めていこう。

第2章

高齢者世代論
タモリはキネマ、
たけしは団塊、
さんまはしらけ

世代を知れば
アプローチ方法が見える

世代論で会話の糸口をつかむ臨床医

平成のアクティブシニアマーケティングの失敗の一因が、高齢者をひとくくりにして施策を進めたことにあるのは間違いない。当時、駆け出しの広告パーソンだった筆者も、「本当に高齢者が大挙して豪華客船クルーズに出かけるのか」「現に、自分の祖父は一日中テレビの前から動かず、全然アクティブではないではないか」と疑問に思いながらも、仕事として企画書を書いていた。

しかし今、振り返ってこうした無策なアプローチを見ると、我ながら驚きを禁じ得ない。自己を含めてマーケティングの手法が極めて粗かった。ひと言でいえば、高齢者のことをよく理解していなかったのである。その反省の下に、本書によって、正しい理解とアプローチを広めたいと考えている。

実は、アクティブシニアバブルから20年たった今も、高齢者はひとくくりで見られることが多い。私は様々な団体や企業の依頼で、講演する機会がよくある。ライフワークである若者研究に関連して、今でいえばZ世代の文化やトレンド、マーケティングについて解説するほか、日本人の各世代について、いわゆる世代論をベースとしたテーマで話すことも少なくない。

そうした講演の一つで、大手製薬会社に招かれて講演をしたときのことだ。聴講者は大学病院などで患者を診る現役の臨床医で、「高齢者をひとくくりで見るべきではない」「高齢者はいくつかの世代に分かれており、過ごしてきた時代も、トレンドや文化も、考え方、価値観に至るまで全く異なる」として、世代ごとの傾向を話すと、大きな反響があった。

ある臨床医は「今まで高齢者を世代で見たことはなかった。問診では、患者といかに円滑にコミュニケーションを図れるかが重要で、今後は世代論を参考に、年齢ごとに正しいアプローチを試みたい」と、意欲を示していた。

高齢者と普段からよく接している臨床医でさえ、こうしたありさまである。他の業界は〝推して知るべし〟だろう。

世代の背景を知ると、マーケティングのやり方も当然のことながら変わってくる。そうした意味から、世代論は有効なアプローチの一つだ。商品やサービスを届けたい層が持つ時代背景やライフスタイル、価値観が、施策を検討する際の有力な材料となるのだ。逆に言えば、世代論を押さえずして、適切な高齢者マーケティングは成し得ない。

令和のシニアマーケは大きく7世代

では、日本人にはどのような「世代」があるのか。それを示したのが、次の「日本における世代一覧」だ。このうち、現時点で高齢者（65歳以上）に区分され、なおかつ企業がターゲットとして認識できる世代は、多少上限を緩く見て、「昭和一桁世代」から「しらけ世

日本における世代一覧（筆者分類）

1912-1919	明治45年＊〜大正8年	戦前派
1920-1929	大正 9 年〜昭和 4 年	戦中派
1930-1934	昭和 5 年〜昭和 9 年	昭和一桁世代
1935-1939	昭和10年〜昭和14年	戦後焼け跡世代
1940-1946	昭和15年〜昭和21年	キネマ世代
1947-1949	昭和22年〜昭和24年	団塊の世代
1950-1960	昭和25年〜昭和35年	しらけ世代（ポパイ・JJ世代）
1961-1965	昭和36年〜昭和40年	新人類世代
1966-1970	昭和41年〜昭和45年	バブル世代
1971-1974	昭和46年〜昭和49年	団塊ジュニア世代
1975-1987	昭和50年〜昭和62年	ポスト団塊ジュニア世代
1988-1996	昭和63年〜平成 8 年	ゆとり世代
1997-2009	平成 9 年〜平成21年	Z世代（脱ゆとり世代）
2010-	平成22年〜	α世代

＊大正元年

令和のシニアマーケットで考える7世代（1930-1934 昭和一桁世代〜1966-1970 バブル世代）

代」までと考えられる。ただし、数年後には高齢者の仲間入りを果たす「新人類世代」、さらには10年もしないうちに高齢者となる「バブル世代」は、高齢者〝予備軍〟といえる。したがって、本書の世代論の項では、この2つの予備軍世代も含めて、その傾向を論じる。

なお、各世代は明確に区分できない部分もある。人によっては新人類世代でありながら、バブル世代のような進歩的な考え方をしているケースもある。ここで挙げる世代論はあくまで目安であることに留意したい。

昭和一桁世代
90歳〜94歳

（２０２４年時点）

誕生年

1930〜1934

（昭和5年〜昭和9年）

「メシ・風呂・寝る」のモーレツ社員

【時代背景・特徴】

１９４７年（13歳〜17歳、当時の当該世代の年齢、以下同）に、日本の義務教育制度である「**六・三・三制**」がスタートし、誰もが高等教育を受けられるようになった。そんな時代に、実際に高校、大学に進学した。卒業後、就職してからは、長時間労働や休日出勤は当たり前の「**モーレツ社員**」のはしりとして、会社や工場で身を粉にして働き、戦後の日本経済を支えた。

一方で、家に帰ったら家事は一切せず、妻に命令口調で「メシ・風呂・寝る」の3つの言葉しか言わない、〝**頑固おやじ**〟の昭和的サラリーマン像を最初につくったのもこの世代だ。野球マンガ『**巨人の星**』の主人公、星飛馬の父親であり、激高するとちゃぶ台をひっくり返す星一徹のようなイメージといえば、分かりやすいかもしれない。

【消費・文化】

1958年（24歳～28歳）、立教大学の大スターだった**長嶋茂雄**が日本のプロ野球球団「**読売ジャイアンツ**」に入団した時期が、ちょうどテレビの普及期に当たった。以後この世代が、帰宅したらビールを片手にジャイアンツ戦を見るライフスタイルを形成した。

【恋愛・結婚】

大多数の女性は親が決めた相手と見合い結婚をするのが当たり前。まだ、男性の社会的地位が女性より高い「家父長制」も色濃く残り、父親が一番偉く、次に長男、その次に次男と家庭内で序列が決まっており、女性や子供は脇に追いやられていた。

この世代に大ヒットした日本映画が、石坂洋次郎原作の『**青い山脈**』（東宝）だ。男女の高校生が一緒に歩いただけで、街中が大騒動になるといった内容。東京から赴任した進歩的な若い女性英語教師が「女の子もこれからは恋愛することが大事よ」とクラス全員を前に言い放つなど、新しい時代の息吹を感じるシーンもある。当時の恋愛観を知るのに役立つため、青い山脈を鑑賞することをお勧めしたい。

昭和一桁世代のキーワード

六・三・三制、モーレツ社員、頑固おやじ、巨人の星、長嶋茂雄、読売ジャイアンツ、青い山脈

戦後焼け跡世代 85歳〜89歳（２０２４年時点）

誕生年
1935〜1939
（昭和10年〜昭和14年）

慎太郎・裕次郎に熱狂、団地文化を形成

【時代背景・特徴】

筆者の父が、２０２４年現在85歳で、この世代に当たる。東京の下町に住み、戦争中、小学校低学年の時に焼《しょう》夷《い》弾で焼け出され、妹を背負ってはだしで逃げた経験を持つ。

１９５６年（17歳〜21歳）、２００１年まで存在していた行政機関「経済企画庁」が経済白書で「**もはや戦後ではない**」という有名な言葉を示した。戦後復興が終わり、その後の急速な経済成長につながる節目に、多感な高校時代を過ごした。つまり、幼少期に戦争を体験し、青年期に〝戦後〟が終わっている、これが戦後焼け跡世代の典型的な育ち方だ。

大学に進むと直面したのが**安保闘争**だ。１９５１年、日本はアメリカ合衆国との間で安全保障条約（旧日米安全保障条約）に署名。しかし、両国の立場が不平等であったことから、その解消を目指して締結した「新安保条約」に反対する学生などが大規模なデモ運動を展開した。ただ、当時の大学進学率は10％程度であり、60年の安保闘争に参加したのはごく一部の若者に過ぎない。

サラリーマンになると待っていたのが、１９６５年（26歳～30歳）11月から57カ月にわたる長期の好景気「いざなぎ景気」だ。カー（Car）、カラーテレビ（Color TV）、クーラー（Cooler）という、いずれも英語の頭文字がＣである**「3C」**を手に入れるのが動機付けとなり、この世代も昭和一桁世代に負けじと休日返上で働いた。

【消費・文化】

若い頃、同世代の誰もが影響を受けた有名人といえば、２０２２年（83歳～87歳）に亡くなった石原慎太郎だ。１９５６年（17歳～21歳）、一橋大学在学中に発表した小説『太陽の季節』が芥川賞を受賞し、同年、『狂った果実』という彼の小説が映画化された。主演を務めたのが実弟で昭和の大スターである若き日の石原裕次郎。石原兄弟自身は昭和一桁世代だが、影響を受けたことから、戦後焼け跡世代は「**慎太郎・裕次郎世代**」ともいわれる。

【恋愛・結婚】

昭和一桁世代同様、まだ親経由の見合い結婚が大多数を占めた。ただし、変わったのが居住形態だ。まだ未成熟ではあるが、高い潜在能力を持つ――。そんな〝**金の卵**〟と例えられた地方からの中卒・高卒者の集団就職によって東京の人口は爆発的に増え、結婚後の住宅が大幅に不足。首都圏郊外では大量の団地が供給され、２ＬＤＫの団地に入居するのがお決まりのコースとなった。こうして新婚時代は団地族になって**団地文化**の中で過ごしたことを、この世代の多くが記憶している。

戦後焼け跡世代のキーワード

もはや戦後ではない、安保闘争、3C、慎太郎・裕次郎世代、金の卵、団地文化

キネマ世代 78歳～84歳

（2024年時点）

誕生年

1940～1946

（昭和15年～昭和21年）

高度経済成長を経験、空前のサユリストブーム

【時代背景・特徴】

幼少期が戦後復興、青年期以降に日本の**高度経済成長**を体験した。高度経済成長の恩恵を最も受けており、キネマ世代が40代の時に起こった株価や地価の急落（バブル崩壊）まで、ほぼ一貫して右肩上がりの経済が続いた。戦争の記憶も幼かったためほとんどなく、昭和の良き時代をずっと生きてきた世代といえる。

また、**東京タワー**がこの世代の思春期に完成している。1958年（12歳～18歳）の出

来事だ。映画『ALWAYS 三丁目の夕日』（東宝）はこの世代の暮らしや価値観を分かりやすく描いており、非常に参考になる。

【消費・文化】

青春映画が数多く上映され、空前の映画ブームが起こる。今のインターネットカルチャー、その前のテレビカルチャーのさらに前の映画カルチャーで育った世代だ。近年、スティーブン・スピルバーグ監督がリメークして話題になった『**ウエスト・サイド物語**』（現ユナイテッド・アーティスツ・デジタル・スタジオ）は当時の代表的なヒット作。こうした映画を通じて海外文化を吸収し、特に米国に憧れを抱いた。

アメリカンポップスにも青春時代に傾倒し、歌手の**エルヴィス・プレスリー**に熱狂。戦後焼け跡世代にとっては敵国だったが、キネマ世代は戦争の記憶がほぼないため、戦後、米国文化を初めて取り入れた若者たちとなった。

当時、圧倒的な人気を誇ったのが、１９６２年（16歳～22歳）公開の青春映画『キューポラのある街』（日活）に主演し、キネマ世代でもある女優の**吉永小百合**だ。タレントの**タモリ**も吉永と同世代だが、彼は吉永ファンを表す「サユリスト」であることを公言している。友情や恋愛を歌い上げる青春歌謡も全盛となり、61年（15歳～21歳）、**坂本九**の『上を向いて歩こう』が大ヒット。同曲は『SUKIYAKI』のタイトルで米国でも発売され、米国の音楽ヒットチャートで知られるビルボードで1位を獲得した。

近年、韓国のアイドルグループであるＢＴＳが同様にビルボード1位を獲得しているが、半世紀以上前に日本人がその偉業を成し遂げ、キネマ世代はそれをリアルタイムで見ていた。いずれもキネマ世代が10代から20代の若い時に起こった出来事で、青春時代の思い出として深く脳裏に刻まれている。

【恋愛・結婚】

社会が急激に変わっていく中、恋愛や結婚だけは進歩せず、この世代も見合い結婚が多数を占めている。ただし、東京だけでなく徐々に地方も豊かになり、格差が縮まってきたのがこの世代のトピックだ。福岡県出身のタモリはその変化を、身をもって感じながら育ったといえる。

キネマ世代のキーワード

高度経済成長、東京タワー、ウエスト・サイド物語、エルヴィス・プレスリー、吉永小百合、タモリ、坂本九

団塊の世代 75歳〜77歳

（2024年時点）

誕生年
1947〜1949
（昭和22年〜昭和24年）

何でも一番がいい！ 米国文化にもどっぷり

【時代背景・特徴】

戦後生まれのため、「戦争の呪縛から初めて解き放たれた世代」と形容される。戦後、世界的に巻き起こったベビーブームは日本でも同様で、戦争直後は多くの子供が生まれた。人口の固まりになったことから、作家の堺屋太一が付けたのが「団塊の世代」という名称だ。人口が多いため**競争意識**が高く、**エネルギッシュ**なのが特徴。団塊の世代の代表格はお笑いタレントや俳優、映画監督など多彩な顔を持つ、**北野武（ビートたけし）**だ。同じタレントでいえば、一つ上の世代のタモリは落ち着きがあり上品だが、北野武は熱く、過激であり、２人を比べると、双方の世代の性質や温度感が読み取れる。

また、「**封建性と革新性**」も団塊の世代を表す言葉だ。北野武が象徴的だが、彼は漫才師からテレビの世界に入って活躍したり、絵を描いてみたり、映画監督をやったりするなど、新しいことを率先して行い、戦後の第一走者として道を切り開いてきた。筆者はＴＢＳの報道番組『情報7daysニュースキャスター』で北野武と共にコメンテーターとして出演していたが、彼に「自分たちの世代をどう思うか」と聞いたところ、「俺たちの世代は何をやっても最初という感覚を持っている」と、語っていたことを思い出す。

同じように、一般の団塊の世代も、大学生の時に安保闘争に身を投じ、革新勢力として保守陣営と真っ向から対峙した。

だが、それらの大学生の大半は卒業して大企業に就職すると、一転して上下関係が絶対である封建的な企業カルチャーに順応した。同期との競争の中で、出世、さらには社長を目指すようになる。こうして学生の頃と、サラリーマン人生とでは真逆な生き方をして、二面性のあるライフスタイルを経験していることも団塊の世代の特徴だ。

【消費・文化】

米国文化にどっぷりとつかった。**ザ・ビートルズ**を聴き、髪形は長髪がトレンドとなり、１９７１年（22歳〜24歳）に上陸した**マクドナルド**のハンバーガーを食べ、コカ・コーラを飲んできた。米国東部にある名門私立大学の通称「アイビー・リーグ」の学生やＯＢの間で広まった紳士服のスタイルであるアイビーファッションも積極的に取り入れた。

上の世代であるキネマ世代は、記憶がないものの幼少期に戦争を体験している。一方で、団塊の世代は戦争体験とは完全に無縁であり、文字通り、戦争の呪縛から解放され、米国文化には何の抵抗感もなく、むしろ最先端のカルチャーとして率先して吸収していった。こうして新しい米国文化を次々と生活に取り込んできたため、今でも、「新発売」や「日本初」「世界初」といった新しいものには敏感に反応する世代といえる。

キネマ世代は映画と共に育ったのに対し、団塊の世代は小さい頃からテレビを見て育ったため、「**テレビっ子世代**」であることも特筆すべき点だ。北野武も子供の頃は長嶋茂雄のファンであり、ジャイアンツ戦を見て育ち、子供に人気のあるものを並べた流行語「巨人・大鵬・卵焼き」を地で行くような少年時代を過ごしている。

もう一つ付け加えるとすれば、人口が多い世代ということもあり、初めて子供文化・若者文化の芽をつくっていった世代でもある。**まんが雑誌**としていずれも59年（10歳～12歳）創刊の『少年マガジン』（講談社）、『少年サンデー』（小学館）が飛ぶように売れ、78年（29歳～31歳）にタイトーが開発した「スペースインベーダー（通称**インベーダーゲーム**）」が流行し、喫茶店に設置されたゲーム台に１００円玉を積み上げ、昼休みに楽しむ団塊の世代の姿が目立った。前者は日本まんがのコンテンツ力、後者は家庭用ゲーム機「Nintendo Switch（ニンテンドースイッチ）」といった人気ハードにつながる、最初の流れをつくったといえるだろう。

【恋愛・結婚】

団塊の世代での大きな変化は、恋愛結婚の比率が見合い結婚を追い抜いたことだ。恋愛結婚といっても、実態は、会社の上司が自分の妹を紹介するなど見合い結婚に近い形も多かったが、数字上は**恋愛結婚**が優勢となった初の世代となった。

その他、男女の出会いの場となったのが**合同ハイキング**だ。一緒に山登りをしたり、ハイキングをしたりしながら親交を深める。さらに結婚後、大都市を中心に専業主婦が目立ってきたのもこの世代である。貧しい状態が続き、夫婦共働きでないと家計を支えられなかった。団塊の世代では給料が伸び、男性は仕事、女性は家事に専念するという分業制が、良くも悪くも確立され、初めて専業主婦文化も形成された。

２００３年（54歳～56歳）に韓国ドラマ『冬のソナタ』が人気絶頂となり、第1次韓流ブームを起こすが、ファンの中心は、実は団塊の世代の**専業主婦**。今に通ずる韓流ブームの先駆者となっている。これも固まりであり、「新しいもの好き」であるが故に、ブームを起こす力があることを物語る事例だ。

ただ、弊害も少なくない。そうした分業の固定化や、主婦として時間があるあまり、子供に過干渉する〝毒親〟になったり、姑になると今度は嫁に口を出し過ぎるようになったりするなど、家庭内の火種として問題化することになる。

団塊の世代のキーワード

競争意識、エネルギッシュ、北野武（ビートたけし）、封建性と革新性、ザ・ビートルズ、マクドナルド、テレビっ子世代、まんが雑誌、インベーダーゲーム、恋愛結婚、合同ハイキング、専業主婦

しらけ世代（ポパイ・JJ世代）64歳〜74歳

（2024年時点）

誕生年
1950〜1960
（昭和25年〜昭和35年）

政治なんてしらける、心はファッションと自由恋愛

【時代背景・特徴】

エネルギッシュで激しく、学園紛争に身を投じてきた団塊の世代とは正反対。そうした活動をばかばかしいと感じ、政治に対してしらけてしまった世代だ。代表的な芸能人が明石家さんま。これは、団塊の世代の北野武と比較すると分かりやすい。例えば、北野武はテレビ朝日で放送する『ビートたけしのＴＶタックル』で政治について盛んに議論することを好むが、対するさんまはそうしたことは全く行わない。北野武は思想の強い映画をつくるが、さんまは絶対にやらない。これは両者の世代の傾向を代弁しているといえる。

【消費・文化】

しらけ世代からは、大学も学園紛争を行う場所から、〝**楽園キャンパス**〟と称してテニス同好会に入って男女交際を楽しむ場に変貌していく。「**人生は楽しむものだ**」という価値観が前面に出て、女子大生の間では、海外有名ブランドの洋服でコーディネートする「ニュートラ（ニュートラディショナル）」や、横浜・元町かいわいに集う若い女性の独特のコーディネートを指す「ハマトラ（横浜トラディショナル）」が大流行。１９７５年（15歳～25歳）に創刊した光文社のファッション誌「ＪＪ」が盛んに取り上げた。

一方で、76年（16歳～26歳）には、平凡出版（現マガジンハウス）が男性向けファッション誌「POPEYE（ポパイ）」を創刊し、若い男性のバイブルに。デザイナーの名前を押し出したデザイナーズブランドや、個性的な世界観を表現したキャラクターズブランドがはやる「ＤＣブランド」ブームも起こり、「イッセイミヤケ」「ヨウジヤマモト」「コム・デ・ギャルソン」といったブランドの洋服を着ることが男性にとってのステータスとなった。

こうして10代、20代で両誌から多大な影響を受けた世代でもあるため、「**ポパイ・ＪＪ世**

代」とも呼ばれる。若者の意識が一気に消費と恋愛に向かい、団塊の世代とは全く異なる青春時代を過ごすことになった。

一方、音楽も様相を異にした。この世代を象徴するミュージシャンが72年（12歳～22歳）にデビューしたユーミン（荒井由実）だ。学園紛争の暗さとは無縁で、おしゃれでセンスが良く、恋愛などを明るく自由に歌うユーミンに若者たちは魅了された。そして、78年（18歳～28歳）、ロックバンドのサザンオールスターズが登場し、若者たちの圧倒的な支持を得た。団塊の世代がザ・ビートルズだとすれば、しらけ世代（ポパイ・JJ世代）は**ユーミン・サザン**が彼ら、彼女らを象徴するミュージシャンといえる。

また、インテリ層の間では、男性から見た女性像や女性のあるべき姿からの解放を訴える運動「**ウーマン・リブ**」が巻き起こり、その後の女性の社会進出につながる素地ができた。さらに、オタク評論家の「オタキング」こと岡田斗司夫が後に人気となり、「好きなものに時間とお金を費やす」ことも一定の認知を得るようになった。この**オタクブーム**は現在の推し活へと受け継がれている。

【恋愛・結婚】

男女が恋愛に熱を上げる中、ドライブデートがトレンドとなり、新婚旅行は今までの熱海や別府といった国内温泉旅行ではなく、**ハワイ**に行くカップルが増えるなど、古くからの慣習が一掃されていったのもこの世代である。86年（26歳～36歳）、ＴＢＳで明石家さんま主演の恋愛ドラマ『男女7人夏物語』が放送されると、大学で**自由恋愛**を経験したしらけ世代を中心に大ヒットした。

しらけ世代のキーワード

楽園キャンパス、人生は楽しむものだ、ポパイ・JJ世代、ユーミン・サザン、ウーマン・リブ、オタクブーム、ハワイ、自由恋愛

新人類世代 59歳〜63歳

（2024年時点）

誕生年
1961〜1965
（昭和36年〜昭和40年）

謎の新人類、楽しければ何でもOKさ

【時代背景・特徴】

日本の高度経済成長期を支えた昭和一桁世代、つまり、モーレツ社員の子供たちが新人類世代だ。幼少期に経済が飛躍的に伸びる中、豊かさを享受して育った。彼ら、彼女らに話を聞くと、必ず話題に上る思い出が、１９７０年（5歳〜9歳）に開催された日本万国博覧会（大阪万博）である。約６４００万人の来場者を集めた世界でも類を見ない大規模なイベントであり、子供の頃のセンセーショナルな出来事として記憶されている。２０２５年には、大阪で55年ぶりとなる万博の開催がある。新人類世代にとっては、感慨深いだろう。

新人類とは、ジャーナリストの筑紫哲也が当時の若者との対談で用いたのが広まり、１９８６年の新語・流行語大賞流行語部門の金賞を受賞した呼び名だ。80年代半ばに入社した若手社員に対し、それを迎えた管理職である戦後復興世代が「**変わり者**」「よく分からない若者」という意図で新人類と呼んだのだ。

79年（14歳～18歳）から始まる共通一次学力試験（現・大学入学共通テスト）を初めて経験した世代でもあり、86年（21歳～25歳）、男女雇用機会均等法が施行され、女性の社会進出が本格的に始まったのもこの世代からだ。

【消費・文化】

団塊の世代が戦争の呪縛から解き放たれた世代であるなら、新人類は**「思想の呪縛」から解放された世代**だ。学園紛争が終わった後のしらけ世代から思想は徐々に位置づけが低下し、新人類世代になって、ほぼ消滅した。

それを実感として語っているのが、北野武だ。お笑い芸人であるダウンタウンは、浜田雅功、松本人志のどちらも63年生まれの新人類世代。「面白ければ何でもいい」という発想だが、その芸風を見て北野武は「思想がない」と批評する。松本人志がつくった映画に対しても「思想がない」と辛口だ。ダウンタウンの一つ上のしらけ世代の明石家さんまについても、「さんまはテレビの天才だが、思想がないから映画はつくれない」と語っている。団塊の世代の北野武にとっては、思想は非常に大切な要素だが、下の世代では思想はそれほど重きをなさないことを物語るエピソードである。

83年（18歳～22歳）、新人類が大学生のときに放送が始まったフジテレビの「オールナイトフジ」は数多くの女子大生が出演し、お笑いコンビのとんねるずや片岡鶴太郎が共演し、人気を博した深夜番組。**女子大生ブーム**を巻き起こした世代を象徴するテレビ番組だが、思想はみじんもない。「面白ければいい」というのが唯一の方針だ。当時、フジテレビは「楽しくなければテレビじゃない」というキャッチフレーズを引っ提げ、視聴率が絶好調だった。一方で、女子大生がフォーカスされた点から見ても、女性の大学進学率が上がってきたことが分かる。

思想の呪縛から解放されているため、自由で軽やかであり、団塊の世代が社会人になって重視した封建的な感覚がなく、**上下関係の意識も希薄**だ。63年生まれで、新人類世代の代表的な野球選手であった西武ライオンズの工藤公康投手は、87年（22歳〜26歳）、日本シリーズで巨人を破って日本一に輝いたとき、森祇晶監督の胴上げの輪に加わらず、その様子を放送していたテレビカメラに向かってバンザイとVサインをしていた。その行動は「上を立てるとか立てないとか関係ない」と考える新人類を象徴している。

新人類世代のキーワード

変わり者、「思想の呪縛」から解放された世代、女子大生ブーム、上下関係の意識が希薄

バブル世代 54歳〜58歳

（2024年時点）

誕生年
1966〜1970
（昭和41年〜昭和45年）

「大谷は三刀流までできる」〝万能感〟こそ持ち味

【時代背景・特徴】

10代から20代にかけてバブル時代の全盛期を生き、同時期に就職したのがこの世代だ。格差が少なく、国民全員が「自分は中流」という意識が強かったため、**〝一億総中流〟**と言われた。就職活動は**超売り手市場**で、苦労せずとも正社員になれた。**貯蓄より消費**を重視する世代で、今も年代別貯蓄額を見るとバブル世代は低い傾向で、いまだに消費意欲旺盛な世代であることがうかがえる。

最も注目すべきなのが、バブル世代が持つ〝**万能感**〟だ。「自分は何でもできる」と思い、風呂敷を広げて手を出す傾向がある。何でも手に入る良い時代を生きたからこそ、あれもやろう、これもやろうと挑む意欲が強い。

その感覚は今でもバブル世代の多くが共通して持っている。青山学院大学陸上競技部監督の原晋は、１９６７年生まれのバブル世代であり、その典型だ。本人は高校や実業団で駅伝を経験していたが、箱根駅伝に出走したことはない。ＯＢでもなかったのにもかかわらず、２００４年に青山学院大学陸上競技部監督に就任。当時、青学陸上部は箱根駅伝に出場していない弱小だった。それでも「箱根駅伝で優勝を目指す」と宣言した。

その根拠を聞くと、「他の大学は俺たちが若い頃と同じ練習をしている。青学で現代の最新トレーニングを取り入れたら絶対勝てる」と思ったという。これこそまさに万能感だろう。就任から約10年後、本当に青学を総合優勝に導いた。

バブル世代と一つ上の新人類世代は、明確に切り離せない部分もある。その意味で、一つ上の新人類世代ではあるものの、バブル世代特有の万能感を持っているのが、北海道日本ハムファイターズ元監督で、大リーグ、ロサンゼルス・ドジャースの大谷翔平を育てた１９６１年生まれの栗山英樹だ。大谷に二刀流をやらせたのは、実は万能感がベースにある。

上の世代の名監督である野村克也氏（35年生まれ）や星野仙一氏（47年生まれ）は、「お前はピッチャー、お前はバッター」と、はっきりと役割を分けていた。ところが、栗山元監督は「翔平、２つやっちゃおうよ、何なら外野もやっちゃおうよ」と言い出し、本当にやらせてしまった。後々話を聞いてみると、「本当に外野をやらせようと思ったけど、翔平がけがしちゃってさ。それがなければ三刀流までやらせることを考えていた」というから驚きだ。

筆者は原監督と交流があり、栗山元監督とは対談の仕事でご一緒したことがあるが、２人とも考え方や話す雰囲気が似ていて、「同じ人と話している」と錯覚するほどだ。

だが、一方で問題行動を起こすバブル世代もいる。「夜の校舎　窓ガラス壊してまわった」と先生や大人への反発を歌った尾崎豊の歌『卒業』を、若い頃聴いて育った世代だ。親になってもその癖が抜けず、教育に納得がいかないと学校に乗り込んでくる、いわゆる「**モンスターペアレント**」（モンペ）になるケースが非常に目立った。この世代の後、モンペ問題は沈静化する傾向があったため、世代であるが故の現象である可能性が高い。

【消費・文化】

バブル世代は、消費も文化も女性がけん引した。大型ディスコの**ジュリアナ東京**の「お立ち台」はその最たるものだ。「ワンレン（ワンレングス、すべての髪の長さを同じに見えるようにした髪形）」「ボディコン（ボディーコンシャス、体のラインを強調する服装）」のファッションで、羽根つきのセンス（通称ジュリ扇）を振り回しながら、台の上で踊る女性たちは、バブル期最後の名物となった。

バブル世代の女性は結婚相手を選ぶ際、「**3高**（高身長、高学歴、高収入）」を条件とし、若い男性は女性の〝足〟のように車で送り迎えをする「**アッシー**」、ご飯（メシ）をおごる「**メッシー**」、ブランド品をプレゼントする「**みつぐくん**」などに分類され、ひたすら女性の気を引こうと尽くした。

また、テレビドラマでは、フジテレビの月曜午後9時から放送される「**月9**」が看板番組となり、出演した「**W（ダブル）浅野**」（浅野温子と浅野ゆう子）が人気を博した。

金余り日本の中で、日産が全グレード3ナンバー仕様の高級セダン「**シーマ**」を１９８８年に発売すると、富裕層以外にも飛ぶように売れたのもちょうどこの頃だ。チーズケーキやティラミスなど海外のスイーツも流行した。金持ち日本人の消費を目当てに、世界が日本に注目し、グルメが続々と上陸していた時代だった。

この世代の強い女性たちは、その後も世の中のトレンドセッターとなり続けた。普通は40代になるとメークが薄くなり、専業主婦として静かに生活を送る人が多かったが、バブル世代は違う。この世代から「**アラフォー**（アラウンド・フォーティー、40歳前後）」という言葉が飛び出し、活発に消費をして世間をにぎわせた。そして、「**美魔女**ブーム」を巻き起こし、存在感を見せつけている。バブル世代で元フジテレビアナウンサーの近藤サトも白髪を染めずグレーヘアを貫いてテレビに出演し、話題をさらっている。

バブル世代の女性は、高齢者になったとしても、そのパワーを失うことなく、シニアの新しいトレンドを次々と発信しそうだ。ずっと若々しく〝女子〟でいたい気持ちが強く、アンチエイジング関連の消費や、仲間意識が強いため、「女子会」の需要も期待できる。

バブル世代のキーワード

一億総中流、超売り手市場、貯蓄より消費、万能感、モンスターペアレント、ジュリアナ東京、3高、アッシー・メッシー・みつぐくん、月9、W浅野、シーマ、アラフォー、美魔女

第3章

高齢者調査から見えたのは“デジタルの壁”

企業がアプローチするための最適解

希少データで明かす
高齢者の「現在」の実態とは

高齢者マーケティングでは、高齢者をひとくくりにせず、世代論に基づき、各世代の特徴やトレンド、考え方、価値観などを踏まえた上で、施策を考えることが重要であると前章で述べた。世代論をベースにすれば、彼ら、彼女らがどのような時代を生きてきたかが分かり、志向性も把握できるため、どんな商品・サービス設計にすればよいか、どういった言葉や表現が響くかがある程度想定でき、マーケティング戦略づくりに大いに役立つ。

ただし、世代論だけでは、高齢者マーケティングを行う上での基礎的な材料としては不十分だ。世代論は各世代が生きてきた時代を検証し、どのような考え方をする傾向があるかを見るための切り口であり、いってみれば「過去」から得られる情報に過ぎないからだ。

必要なのは、「現在」の実態だ。だが、高齢者マーケティングのための実態を調査するのは、インターネット調査が主流となっている現代では、難しいことは前述の通りだ。

今回行った調査の対象は60歳以上の男女とし、60代、70代、80代以上の自立（介護が不要な人）、非自立（介護が必要な人）を、クラスターごとに50人前後〜60人をバランスよく抽出し、６４０人から有効回答を得た。

調査方法は、家族、介護スタッフ、調査員が本人から聴取して代理回答する聞き取り調査と、本人自身がＷｅｂ上のアンケートにアクセスして回答する２つの方法を採用した。インターネット調査に加え、面談調査も行うことによって、ネット利用者に偏ることなく、ネットにアクセスできない高齢者も含めた全体の実態を把握できる、希少価値の高い調査となっている。

調査対象者のクラスター

		60代	70代	80代以上	合計
男性	自立	51	55	50	156
	非自立	50	51	56	157
女性	自立	61	56	50	167
	非自立	49	51	60	160
合計		211	213	216	640

【調査概要】

■調査目的　高齢層の各種メディアへの接触・利用実態を把握するための調査(ただし、生活状況やインサイト、消費実態も含む)

■調査対象　60歳以上の男女

■調査方法　・聞き取り調査(家族、介護スタッフ、調査員が本人から聴取して代理回答)
・本人が自身でWeb上のアンケートにアクセスして回答

■調査時期　2021年3月25日〜6月4日

■報告書の記述について
・n=100未満は参考値として記載
・スコアが0%の項目を非表示
・日本において高齢者の定義は65歳以上だが、本調査では60歳以上を対象としている

■ウエートバックについて
①5歳階級別人口推計202107(総務省統計局)
②性年代別認定者数202107(厚生労働省)
を基に、割り付けに対してウエートバックを行った数値を記載

この調査によって、従来は難しかった高齢者の生活やインサイト、デジタルデバイス（本人保有のPCやタブレット端末、スマートフォン）やメディアの利用と視聴状況、各種広告への接触状況、消費実態の把握が可能になった。

一本調子で増える、一人暮らしの高齢者

調査結果を解説する前に、まず公的データによる高齢者世帯の動向を押さえておきたい。「令和5年版高齢社会白書」によると、65歳以上の高齢者がいる世帯は、2021年時点で、世帯数が2580万9千世帯と、全世帯（5191万4千世帯）の49・7％を占めている。第1章で触れたように総人口に占める高齢者の割合は約3割だったが、世帯別では既に半数を占めている。

1980年では世帯構造の中で三世代世帯の割合が最も多く、全体の半数を占めていたが、2021年（令和3年）では夫婦のみの世帯と単独世帯（一人暮らしの高齢者）が、それぞれ約3割を占めている状況だ。

65歳以上の者のいる世帯数及び構成割合（世帯構造別）と全世帯に占める65歳以上の者がいる世帯の割合

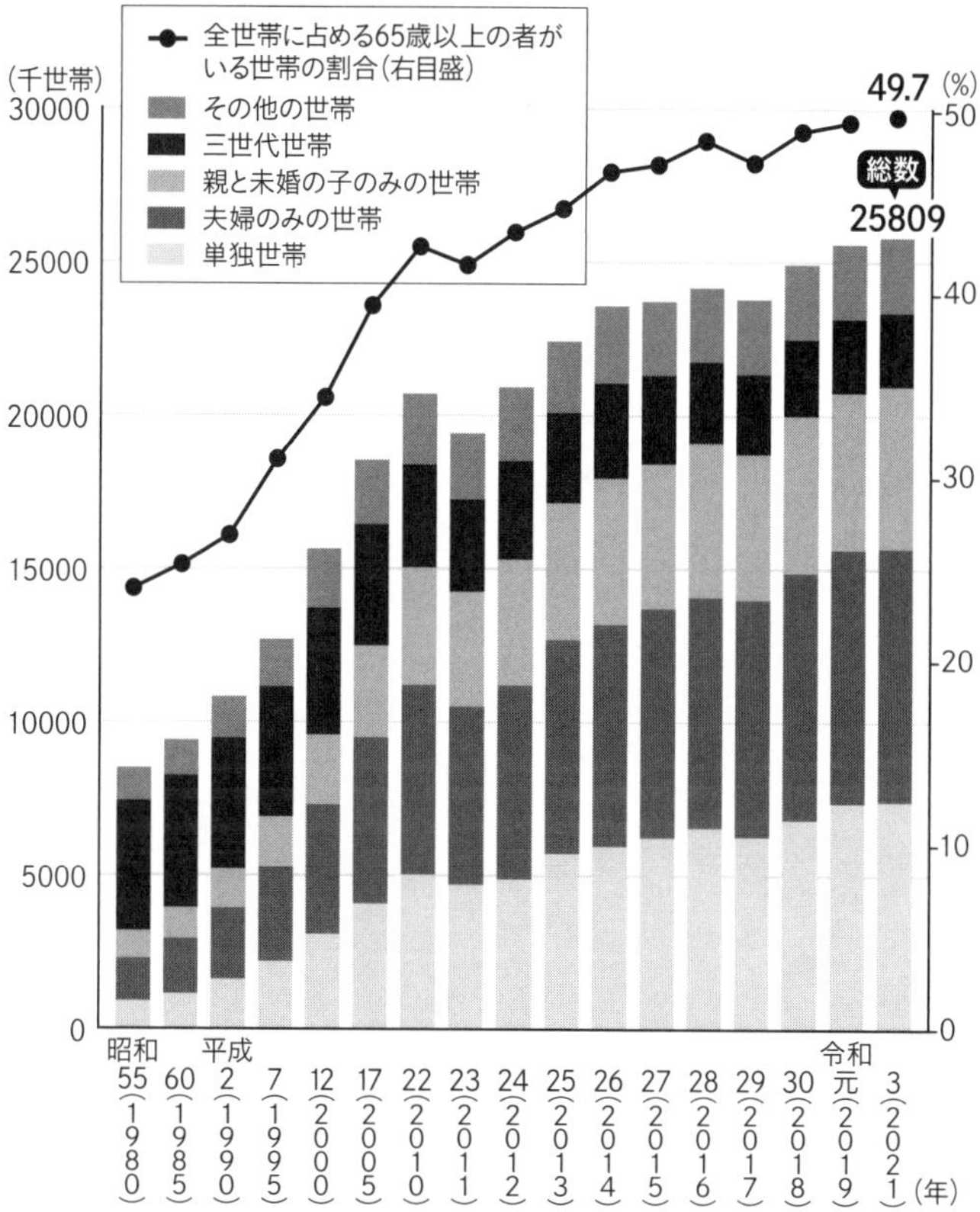

資料：昭和60年以前の数値は厚生省「厚生行政基礎調査」、昭和61年以降の数値は厚生労働省「国民生活基礎調査」による。

注1）平成7年の数値は兵庫県を除いたもの、平成23年の数値は岩手県、宮城県及び福島県を除いたもの、平成24年の数値は福島県を除いたもの、平成28年の数値は熊本県を除いたものである。

注2）四捨五入のため合計は必ずしも一致しない。

注3）令和2年は調査中止

特に注目すべきなのが、**単独世帯が一本調子で増えていること**だ。将来的には夫婦のみを抜いて最大になる可能性がある。日本では女性より男性の年齢のほうが上で結婚する率が非常に高く、現時点の高齢者ほどその傾向は顕著だ。さらに、女性のほうが平均寿命が長く、夫と死別した女性の単独世帯が多いことが要因となっている。

その他、未婚率、熟年離婚率も上昇傾向にあり、独り身の高齢者の増加が加速している。若い世代や現役世代でも、未婚率の上昇で「おひとりさま」市場が広がっており、**ますます単独世帯が増えていく**ことを念頭にマーケティングは考える必要がある。

令和のアクティブシニアはデジタル高齢者

それでは、調査結果の話に移ろう。基礎情報として最初に触れておきたいのが、高齢者の生活の実態だ。高齢になると、人付き合いが減っていく傾向になるといわれている。実際の状況はどうかというと、今回の調査から、高齢者が定期的に接する人数（人間関係数）は平均9・52人であることが分かった。平均より少ないのが「80歳以上」「可処分所得なし」の層であることから、やはり高齢になるほど付き合う人数は減り、そこにはお金があるかないかも関係してくる。

一方、定期的に接する人数が平均より多い層は、高齢者の中でも若い「60代」、仕事を続けている人も多い「男性60代」、お金を持っている「可処分所得あり」の層であることが明

Q.普段あなたが定期的に接する人の数を教えてください。(SA)

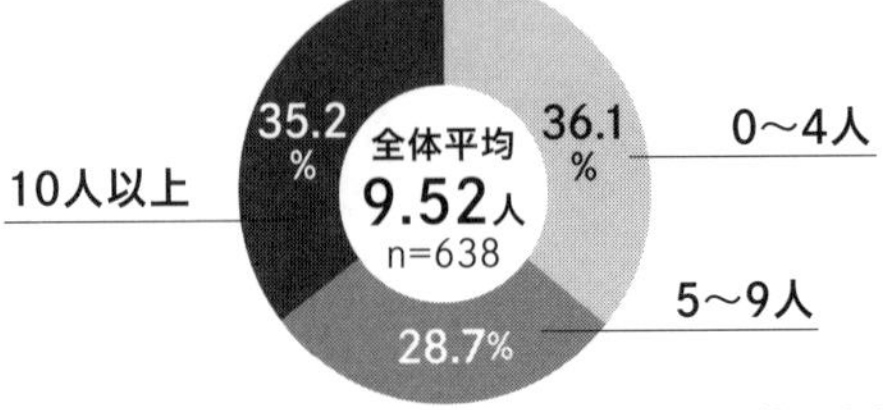

平均よりも特に多い属性

60代	n=223	11.28人
男性60代	n=110	12.9人
可処分所得あり	n=394	11.11人
PC保有	n=134	11.51人
スマホ保有	n=321	10.6人

平均よりも特に少ない属性

80代以上	n=174	8.05人
可処分所得なし	n=238	6.77人

らかになった。特筆すべきは、「PC保有」「スマホ保有」層の人間関係数が多くなるという事実だ。つまり、PCやスマホを持って日常生活でそれらを活用している、いわゆる**〝デジタル高齢者〟のほうが、人付き合いが多い**という傾向がデータから読み取れるのだ。

また、外出頻度に関しては、「ほとんど毎日外出」が約半数に及ぶ。内訳を見てみると、「男性」や「60代」「自立」で多いことに加え、こちらも「PC保有」「スマホ保有」が平均を上回っている実態が目立つ。

Q. あなたはどのくらいの頻度で外出していますか？(SA) n=640

ほとんど毎日	48.0%
2～3日に1回	25.9%
週に1～2回	13.8%
月に1～2回	2.4%
ほとんど外出をしない	8.6%
分からない	1.3%

「ほとんど毎日外出」について

平均よりも特に多い属性		平均よりも特に少ない属性	
男性 n=284	54.5%	女性 n=356	42.7%
60代 n=225	55.4人	80代以上 n=174	36.1%
自立 n=541	53.9%	非自立 n=99	15.6%
PC保有 n=134	58.4%	可処分所得なし n=238	43.9%
スマホ保有 n=321	54.1%	単身 n=153	42.0%

　では、高齢者はどこに外出しているのか。外出目的を聞くと、「日常的な買い物など」が7割以上と圧倒的だった。次いで、大きく差が開いて「通院」「仕事」を挙げている。シンプルにいえば、外出するといっても、多くは近所の商店街やスーパーでの買い物目的というのが実情だ。この結果から見えてくることは、その昔、広告代理店が躍起になって盛り上げた「アクティブシニア」は、現状でも多数派でなく、むしろ外出したとしても近所のスーパーという「非アクティブシニア」が目立つという実態である。

　最近、旅行先で高齢者グループの姿を見

かける機会が多いように思える。しかし、調査では「旅行で外出することが多い」と答えているのは約７％にすぎない。

だが、そうした中でも「アクティブなのでは？」と感じさせる層がある。それがデジタル高齢者だ。外出目的を「旅行」とした人の中では、ＰＣ保有、タブレット保有者に限ると15％超となり、平均の２倍以上になっている。また、外出目的を「スポーツ」と回答している人は、タブレット保有者では２割超と、平均の２倍に達している。

こうした結果から、アクティブシニアは全体的に見れば、昔も今もそれほど存在していないように思える。しかし、高齢者全体をひとくくりにせず、ことＰＣやタブレット、スマホを保有し、活用している層に限ると違った光景が見えてくる。つまり、**現代において、アクティブシニアは確かに存在し、それは紛れもなく「デジタル高齢者」である**可能性が、調査から浮き彫りになった。

Q.あなたは現在の生活にどの程度満足していますか？(SA)

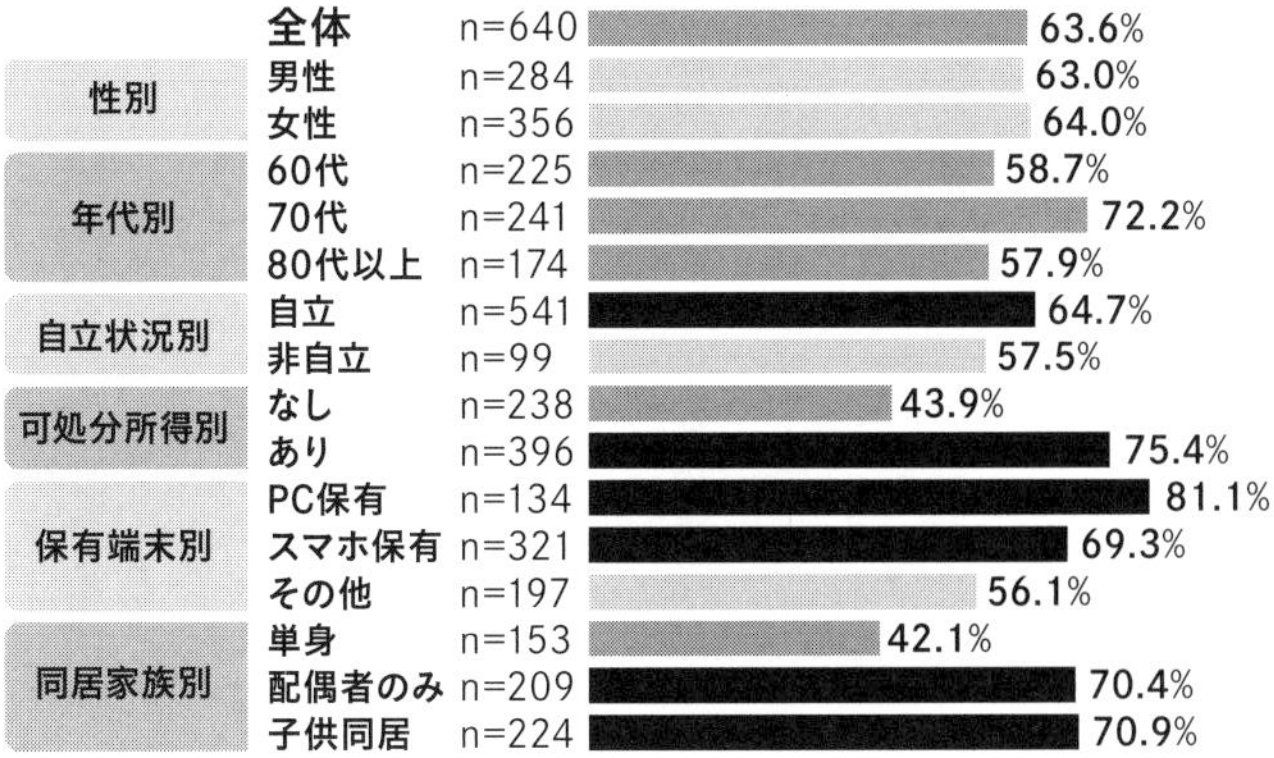

加えて、生活満足度についても尋ねると、非自立より自立、可処分所得なしより可処分所得あり、単身（単独世帯）より配偶者のみ（夫婦のみ）や子供と同居のほうが、満足度が高い傾向が出た。そして、保有端末別では、その他（いわゆるガラケー）よりも、スマホ保有、ＰＣ保有のほうが満足度が高いという結果が導き出された。

すなわち、**デジタル高齢者は実際の行動がアクティブなだけでなく、内面も満たされた毎日を送っている傾向**が示唆されたわけだ。

市場規模は「222万人以上」

令和のアクティブシニアがデジタル高齢者であるならば、高齢者マーケティングで狙うべきは、言うまでもなくこのデジタル高齢者だ。**より人間関係数が多く、外出する頻度も高く、旅行やスポーツを行う傾向も高いのであれば、例えば人との交際や外出をする際、あるいは旅行やスポーツをする際に消費する機会が多くなる可能性がある**からだ。また、PCやスマホを保有しているため、個別に情報を届けやすく、セグメントをしたマーケティングもしやすい。

ただし、デジタル高齢者に限った場合、市場規模がそれほどないのでは、マーケティング対象としてのメリットはなくなる。では、そのマーケット規模はどれくらいだろうか。今

Q. あなたが自由に使うことができる端末があれば全てお選びください。(MA)

	携帯電話	スマートフォン	PC	タブレット	いずれも所有していない
自分専用	40.4%	50.1%	20.9%	14.4%	12.1%
共用	0.9%	0.4%	10.7%	5.1%	

回の調査では、**「PCやスマホ、タブレットのいずれかを自分専用で保有する人」**をデジタル高齢者と定義した。その保有状況は上の通りだ。

結果、**デジタル高齢者は推計２２２万人以上いる**ことが見えてきた。（総務省統計局による、令和３年７月報の概算値と本調査結果より算出）。これは高齢者（60代以上）人口である４３５７万人（60代：１５３３万人　70代：１６３８万人　80代以上：１１８５万人）のおよそ半分に当たる規模である。

デジタルは70代まで。80代には届かない

	60代 n=225	70代 n=241	80代 n=174
携帯電話	28.8%	43.4%	51.1%
スマートフォン	75.3%	51.8%	15.2%
PC	26.3%	27.0%	5.5%
タブレット端末	19.5%	17.8%	3.0%
持っていない	0.3%	6.9%	**34.5**%

※全端末「自分専用」の項目を抜粋。「共用」については省略。

半分とはいえ、台湾（約２３００万人）と同じくらいの人口規模となっており、デジタル高齢者にセグメントしても、巨大なマーケットであることに変わりはない。

狙えるのはタモリ、北野武世代まで

ただし、高齢者の全世代が範ちゅうに入るわけではない。年代別の保有割合を見てみると、スマホやＰＣ、タブレット端末ともに、80代の保有率が一気に下がっている。どの端末も持っていない人の割合は34・５％だ。

こうしたことから、**デジタルが届く年代は70代まで**といえる。すなわち、現在70代後半の世代がいる、芸能人でいえばタモリの年代に当たるキネマ世代や北野武の団塊の世代以降が、デジタル高齢者に該当することになる。キネマ世代や団塊の世代は、サラリーマン時代の最後にＰＣで仕事をする機会を得た人もいて、その点でもデジタルと非デジタルを分ける境界といえるだろう。

デジタルを使いこなすほど「健康」という事実

一方、自立、非自立（要介護・要支援認定者）で分けた場合、デジタル高齢者であるか否かはどう関係してくるのか。調査結果から明らかになったのは、**スマホやPC、タブレットの保有者は自立している傾向が高い**という事実だ。一つの見方として、自立は健康な高齢者と考えることができる。つまり、**デジタル高齢者であるほど、健康である**という傾向がデータからは読み取れる。

YouTubeを楽しむ高齢者は1120万人

高齢者全体では、どのような情報メディアを見ているのか。現在利用している情報メディ

「自立」はデジタル高齢者率が高い

	自立 n=541	非自立 n=99
携帯電話	42.7%	27.7%
スマートフォン	**56.6%**	14.9%
PC	**23.7%**	5.5%
タブレット端末	**16.6%**	2.5%
持っていない	4.0%	56.5%

※全端末「自分専用」の項目を抜粋。「共用」については省略。

アを聞くと、最も利用されていたのが「地上波テレビ」で、利用率は93・7％。推定利用人口は４０８２万人に上り、ほぼ高齢者全員が視聴しているといって差し支えないだろう。団塊の世代はテレビっ子世代である。それ以降の世代もテレビを見る機会が増えた世代であるから当然の結果だろう。

利用時間帯は午前6時から午後11時までと、特定の時間帯に限らず利用される。視聴ジャンルも、ニュースやワイドショー、ドキュメンタリー、バラエティー、国内ドラマと幅広い。

次によく見ているメディアが「新聞」だ。新聞といえば多くの高齢者が読者となっている印象だが、利用率は56・2%と半分程度にとどまった。高齢者の間でも読者が減っている現状が垣間見られた。利用時間帯は午前中であり、朝刊のみを購読している様子がうかがえる。

3番目に利用されているのが、高齢者にとっては新しいメディアに分類される対話アプリ「LINE」だ。利用率は39・5%に上り、推定利用人口は1721万人と、高齢者の間でも普及し、存在感を示している。利用時間帯は午前7時から午後11時までで、テレビと同様、時間帯を選ばず使われている。利用する動機としては、主に孫とのチャットや写真のやり取りが挙げられる。

その他、高齢者にとって目新しく感じるメディアとしては、「Google検索」が利用率約3割、推定利用人口1324万人と活

YouTube
利用率
25.7%
推定利用人口*
1120万人
利用時間帯
20-23時
視聴ジャンル
音楽
趣味

Yahoo!検索
利用率
26.1%
推定利用人口*
1137万人
利用時間帯
19-21時

Google検索
利用率
30.4%
推定利用人口*
1324万人
利用時間帯
10時
17時
20-22時

高齢者のメディア利用・視聴実態

旧メディア			旧メディア	
TV（地上波）	新聞（紙）	LINE	TV（BS）	TV（録画）
利用率 93.7%	利用率 56.2%	利用率 39.5%	利用率 35.2%	利用率 34.1%
推定利用人口* 4082万人	推定利用人口* 2449万人	推定利用人口* 1721万人	推定利用人口* 1534万人	推定利用人口* 1486万人
利用時間帯 6-23時	利用時間帯 6-11時	利用時間帯 7-23時	利用時間帯 18-23時	利用時間帯 14-16時 19-23時
視聴ジャンル ニュース ワイドショー ドキュメンタリー バラエティ 国内ドラマ			視聴ジャンル ドキュメンタリー スポーツ 映画 時代劇	

＊総務省統計局　人口推計　令和3年7月報の概算値と本調査結果より算出
高齢者（60代以上）の人口：4357万人（60代：1533万人　70代：1638人
80代以上：1185万人）

用度が比較的高い。「Yahoo!検索」も利用率26・1%、推定利用人口1137万人と活用が広がっている。こうした数字からも、**企業は受動的に情報を届けられるテレビ広告だけを重視するのではなく、分かりやすい説明を施したWebページを設け、「詳しくは検索で」と案内する手法も、高齢者には有効になりつつある**といえる。

そして注目すべきが、**動画共有サイト「YouTube」の利用率が25・7%、推定利用人口1120万人と、高齢者の4人に1人が活用するメディアになっている**ことだ。利用は、午後8時から午後11時と夜の時間帯だ。例えば、午後7時台は地上波でNHKのニュースを視聴し、午後8時くらいからはYouTubeを楽しむという生活パターンがイメージできる。高齢者は、時間のありそうな日中に視聴を楽しんでもよさそうなものだが、YouTubeは若者と同じように夜に楽しんでいるという状況は興味深い。

さらに特筆すべきは、**LINE、Google検索、Yahoo!検索、YouTubeの4メディアは、PC保有、スマホ保有のデジタル高齢者では利用率が跳ね上がる**ことだ。例えばLINEの場合、PC保有では76・3％、スマホ保有では64・7％という結果が出ている。全体と比較すると、いずれも1・5倍以上だ。デジタル高齢者を狙う場合、これらの新しいメディアをマーケティング戦略に組み入れることが、有効な選択肢となることを示唆している。

YouTubeは「ジャンル」で見る

YouTubeの場合、若者の視聴習慣と決定的に異なる点もある。それが、インフルエン

Q. 以下の情報メディアの中で、あなたが現在利用・試聴することがあるものを全てお選びください。(MA)

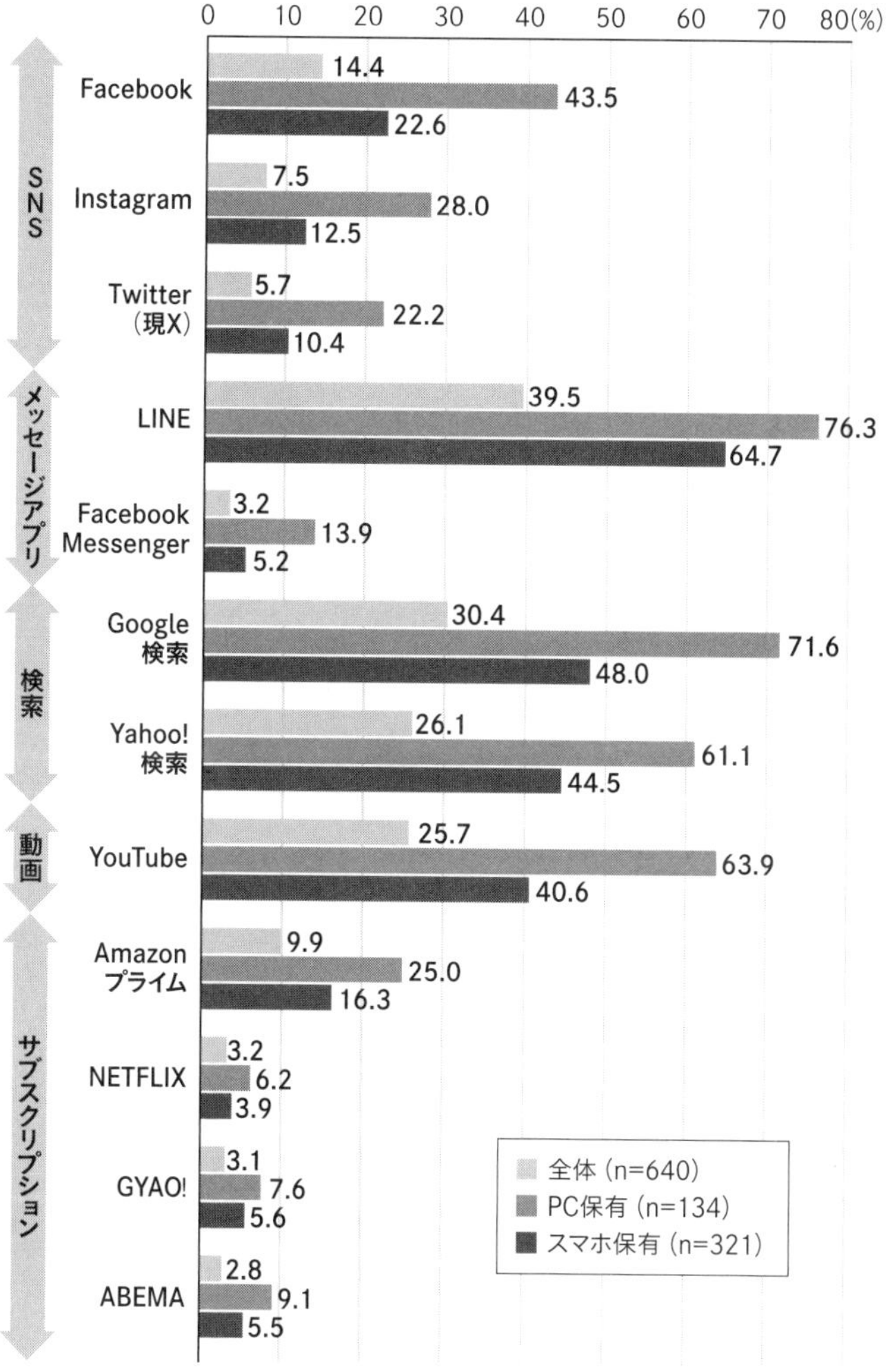

Q. LINEスタンプについて、企業の無料スタンプ・有料スタンプをどのくらいの頻度でダウンロードしますか？(SA)

※LINE利用者ベース　n=253

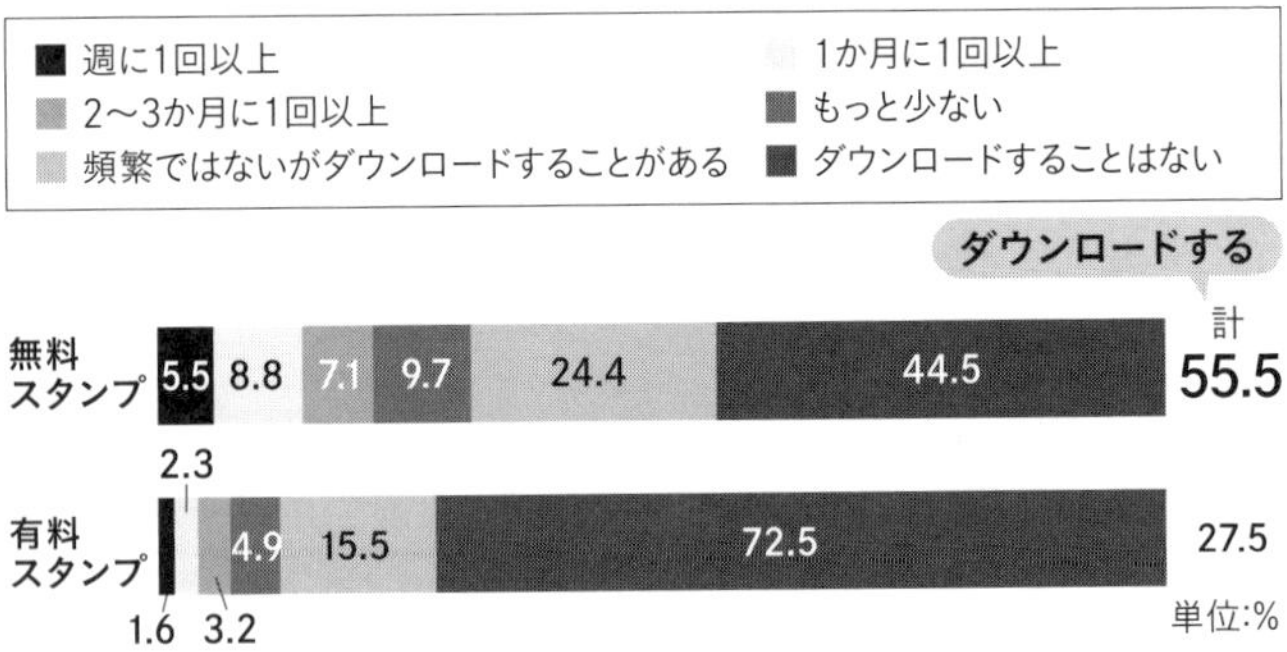

サーなど「人」をフォローして、その人が投稿するコンテンツを中心に見るのではなく、音楽や趣味など、**自分が好きな「ジャンル」を検索して視聴する傾向が強い**ことだ。例えば、「加山雄三」と検索して、彼のコンサートなどを楽しむ。仲間と活動する「散歩サークル」などの道中で、そうした往年のヒット曲をYouTubeで流し、一緒に歌うという使い方もある。

高齢者の間でYouTubeの利用が伸びているからといって、若者向けのマーケティングと同様にインフルエンサーに商品やサービスのPRを依頼する、いわゆるPR案件のアプローチは通用しにくい。そうではなく、**音楽やゴルフ、釣り、園芸などの趣味のジャンルに絞って、広告出稿などのマーケティング施策を行うことが有効となる**だろう。

一方、企業にとってマーケティングの選択肢となるLINE公式アカウントを活用した無料スタンプ施策は、高齢者にとって効果はあるのだろうか。無料スタンプ施策とは、LINE公式アカウントを「友だち追加」などをすると、企業のスタンプがダウンロードできるキャンペーンのこと。ブランドの認知拡大を目的として実施される場合が多い。

高齢者のLINE利用者に、ダウンロードの有無や頻度を聞くと、半数以上の55％が「ダウンロードすることがある」と回答し、活用度合いが意外にも高いことが判明した。高齢者のLINE利用率は、Google検索、Yahoo!検索、YouTubeのメディアと比較して最も高い。つまり、新しいメディアにおいても、LINEの無料スタンプを活用したマーケティングは、有力な手段となり得ることが分かった。

YouTube広告には5人に1人が週1回以上接触

では、高齢者に効果的な広告メディアは何だろうか。高齢者の各メディアの「広告接触率」も調べた。広告接触率とは、各メディアの利用率に週1回以上広告に接触した人の割合を掛け合わせた指標で、シニアがそれぞれのメディアの広告にどの程度触れているのかの目安となる。

その結果、強みを見せたのがテレビCMだ。広告接触率は86％に上り、推定広告接触人口は3748万人に達する。広告を見てどのように気持ちや行動が変わったかを示す「態度変容」では、「認知」につながったという割合が比較的高い数値を示した。

テレビCMの半分以下となるが、4割程度の広告接触率を示したのが新聞広告と新聞の折り込みチラシだ。それぞれ推定広告接触人口は約2000万人で、いずれも「認知」「興味」「購入」という態度変容を起こす割合が高くなっている。

高齢者の場合、新聞をじっくり読む傾向があると考えられ、併せて新聞広告や折り込みチラシも時間をかけて目を通していると想定される。放映時間が15秒程度のテレビCMより、新聞広告や折り込みチラシは時間をかける分、内容を理解しやすい。それが興味や購入につながる原動力になっている。いわば、新聞広告や折り込みチラシは、高齢者マーケティングにおいて、〝打席〟（広告接触率）はテレビCMより少ないが、〝打率〟（費用対効果）は高い広告メディアといえるだろう。

高齢者の興味や購入につなげたいのであれば、**新聞広告や新聞の折り込みチラシを積極的に活用する施策は成立しやすい**ことがデータから読み取れた。

LINE、Google、Yahoo!、YouTubeの中では、LINE広告とYouTube広告の広告接触率が比較的高かった。前者は高齢者の4人に1人、後者は5人に1人が週1回以上接触している計算だ。**特に注目したいのがYouTube広告で、認知に加えて、「検索」という態度変容につながることが他のメディアより顕著**になっている。自ら検索してもらえれば、より商品やサービスを購入してもらいやすくなる。

ただし、YouTube広告の出稿に当たっては注意が必要だ。それぞれのメディア広告のイメージを聞いたところ、YouTube広告が「不快」と答えた高齢者が43・1％と、他のメディア広告と比較して飛び抜けて多かったからだ。テレビCMを不快と答えた人は6・5％にすぎず、対照的だ。

YouTube広告は、自分が選んで視聴しているコンテンツの途中で突然流れてしまう。これを不快と感じるのは当然のことだろう。不快さを与えないために、例えば、高齢者が見慣れているテレビ番組のように「では一旦CMへ」などと、YouTube広告を流すことを直前に予告するといった工夫が必要だろう。

このように、**高齢者向けの広告メディアとしては、テレビCM、新聞広告、新聞の折り込みチラシ、LINE広告、YouTube広告が有効で、「高齢者にどのような態度変容を起こさせたいか」によって、使い分ける**ことが重要となる。

各メディアの広告接触率

TVCM	新聞広告	新聞折込ちらし	LINE広告	YouTube広告
広告接触率（週1）* **86.0%**	広告接触率（週1）* **41.7%**	広告接触率（週1）* **41.2%**	広告接触率（週1）* **24.5%**	広告接触率（週1）* **20.7%**
推定広告接触人口（週1）** **3748万人**	推定広告接触人口（週1）** **2153万人**	推定広告接触人口（週1）** **2118万人**	推定広告接触人口（週1）** **1066万人**	推定広告接触人口（週1）** **900万人**
態度変容 **認知 興味 購入**	態度変容 **認知 興味 購入**	態度変容 **認知 興味 購入**	態度変容 **認知（他上位メディアより低い）**	態度変容 **認知 検索**

＊広告接触率（週１）＝利用率×広告接触（週１）：シニア全体で各メディア広告に触れる割合
＊＊総務省統計局　人口推計 令和３年７月報の概算値と本調査結果より算出。高齢者（60代以上）の人口：4357万人（60代：1533万人　70代：1638万人　80代以上：1185万人）

Q.あなたは、以下のメディア広告の商品・サービスについてどのような反応をしたことがありますか？（MA）※各メディア利用者ベース

各項目において以下の条件で色付け。■50%以上 単位:%	n	知った	興味を持った	検索した	購入した	知人に情報を共有した	知人に購入・利用を勧めた	あてはまるものはない
TVCM	561	56.2	34.6	13.6	21.8	6.1	2.6	29.6
ラジオ広告	118	54.7	24.6	5.8	7.6	3.3	1.8	39.6
映画館CM	289	26.0	14.0	3.7	2.4	1.5	0.4	64.9
新聞広告（紙）	328	64.5	❶43.7	14.4	❶25.0	6.3	2.2	18.5
新聞折り込みチラシ	325	62.7	52.3	11.0	41.5	8.4	2.3	13.5
電車広告	281	45.3	13.7	4.7	1.0	1.5	0	52.2
タクシー広告	213	32.6	6.7	2.2	0.1	0.2	0	65.5
ラッピング広告	316	36.3	7.3	1.5	0.9	0.1	0	62.5
LINE広告	193	47.3	18.6	6.9	1.1	0.2	0	44.7
YouTube広告	154	62.0	28.8	❷15.6	3.6	1.3	0	31.2

❶新聞広告・新聞折込みチラシは「興味」「購入」も高い
❷「検索」はYouTubeが最も高い

デジタル高齢者は「懐具合が良好」

高齢者の消費実態にも触れたい。「1カ月当たりの可処分所得（自由に使えるお金）がある」と回答した高齢者は、全体の約6割に上ることが分かった。だが、その内訳を見ていくと、興味深い事実が浮かび上がる。**「可処分所得あり」の割合は、「自立」「配偶者のみ」「子供と同居」といった属性で高くなる傾向が示されたが、それ以上に「PC保有」で84・5%、「スマホ保有」で76・3%と、デジタル高齢者で特に高い数値を示した**のだ。

さらに、「可処分所得あり」と答えた高齢者に1カ月の可処分所得額を聞くと、「5万円以上」と回答した割合が、全体よりも「PC保有」「スマホ保有」のほうが高く、金額の平均も大きくなるという結果を得た。こうしたデータからも、**デジタル高齢者はそれ以外の**

Q. あなたは、1カ月当たりの可処分所得（自由に使えるお金）はありますか？（SA）

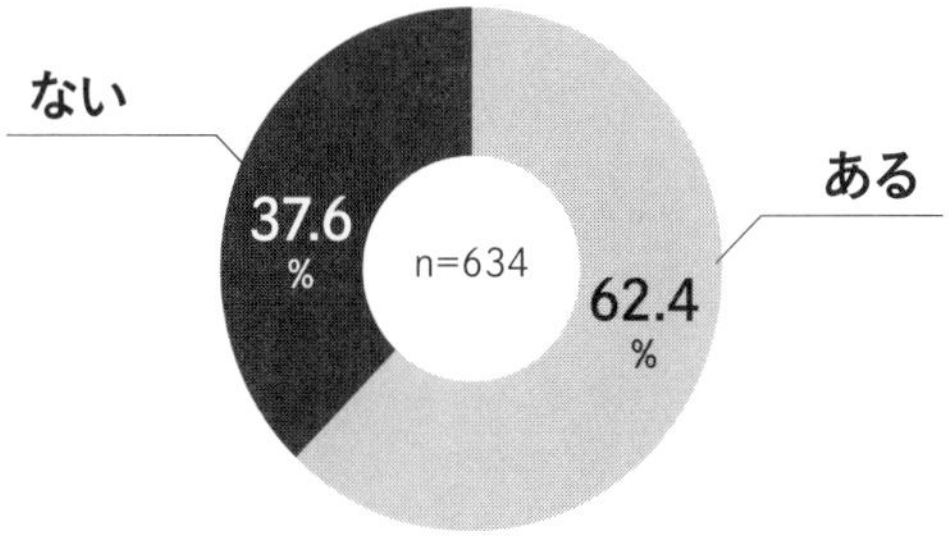

「可処分所得あり」属性別

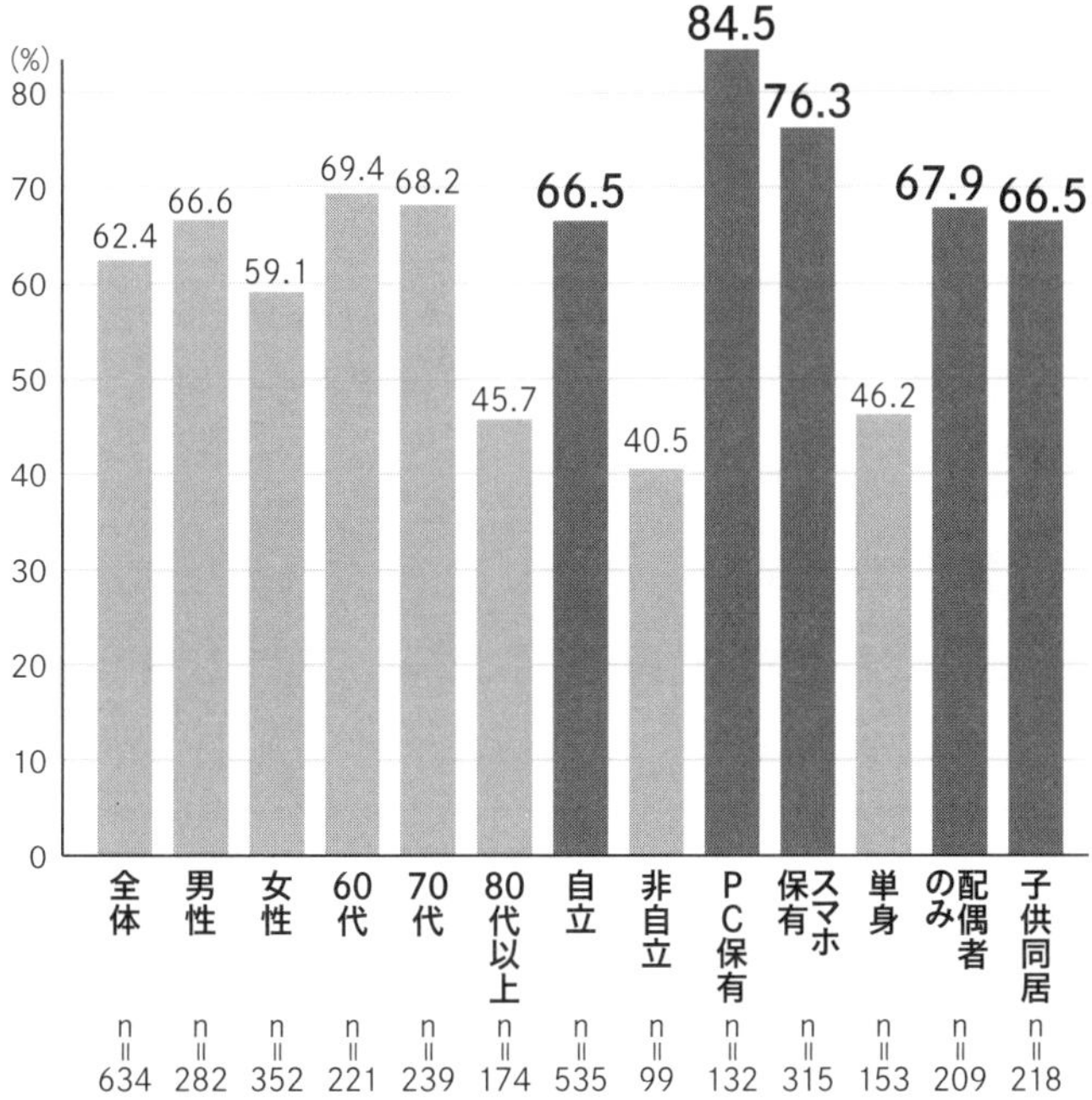

クラスターと比べて懐具合が良好で、優良な消費者であることが読み取れる。

男性はお酒、書籍、交際費
女性は化粧品・ファッション、交際費、美容関連費用

では、高齢者は何にお金を使っているのかと言えば、トップ3が、男性ではお酒、書籍、

	新聞、雑誌、書籍、マンガ（電子版）	音楽（ライブやフェスを含む）	株、投資	ギャンブル（競馬、宝くじ、パチンコなども含む）	異性との交際費（デート代、プレゼントなど）	スポーツ観戦	家庭用ゲーム	その他
	10.0	9.7	8.0	7.5	5.8	5.7	5.6	46.4
	12.8	11.5	12.8	12.9	7.1	7.9	8.7	47.1
	7.5	8.1	3.8	2.8	4.6	3.8	2.8	45.8
	14.2	16.4	6.5	9.2	9.1	7.8	7.8	40.1
	8.9	7.4	9.8	7.4	3.7	6.1	5.9	44.8
	3.8	1.4	7.5	4.4	3.5	0.9	0.5	62.2
	7.4	11.0	6.8	2.1	3.8	0	0.1	37.3
	10.5	9.5	7.3	7.1	5.9	4.4	4.5	45.1

Q.可処分所得について、お金の使い道に当てはまるものをすべてお選びください。（MA）　※「可処分所得あり」回答者ベース

高齢者は可処分所得の3割を貯蓄に回す

全体が5%以上の項目を抜粋。
■ 50%以上
単位：%

		n	同性との交際費	化粧品、ファッション	新聞、雑誌、書籍、まんが（書籍版）	貯蓄	お酒、アルコール（自宅用）	健康、スポーツ	美容関連費用	旅行	映画、舞台、演劇鑑賞	車、バイク、自転車	たばこ	習い事、資格取得のための勉強
全体		402	43.1	42.4	35.8	31.1	27.3	22.9	20.2	21.2	15.2	14.8	13.3	11.5
性別	男性	190	34.0	17.4	42.6	26.8	43.9	27.1	8.7	23.3	16.6	21.9	18.6	12.0
	女性	212	51.2	64.9	29.7	35.0	12.5	19.1	30.5	19.4	14.0	8.5	8.6	11.1
年代別	60代	157	51.2	53.8	39.7	30.3	31.8	25.7	25.7	24.3	20.3	19.5	18.5	17.6
	70代	165	42.0	36.6	35.6	32.3	27.9	26.7	18.2	23.2	15.8	14.6	12.4	9.7
	80代以上	80	29.3	31.8	28.5	30.4	17.2	9.6	13.3	11.0	3.9	6.1	5.0	3.3
保有端末別	PC保有	113	48.2	32.7	47.3	22.3	39.2	23.9	14.5	31.0	14.3	24.8	13.8	18.6
	スマホ保有	246	47.5	47.4	34.8	31.7	29.9	24.5	24.2	22.1	17.3	17.2	15.1	15.2

交際費、女性は化粧品・ファッション、交際費、美容関連費用となっている。いずれの項目も「PC保有」「スマホ保有」でよりお金を使う傾向を示している。広告代理店やマーケティングの支援会社であれば、男性は酒類メーカーや出版社、飲食店、女性は化粧品メーカーやアパレルメーカー、飲食店、美容サービス業者などのクライアントを担当する場合、よりデジタル高齢者を狙った施策に注力することが重要であるといえよう。

特に女性の高齢者に関しては、比較的若い60代ほど、化粧品・ファッション、美容関連費用にお金を使う傾向が高いことがデータから見えてくる。化粧品・ファッションであれば、60代女性向けにスマホでデジタルマーケティングを行うと効率的だ。

例えば、女性が60代になって気になることの一つが、年齢とともに髪のパサつきが目立ち、爪の表面がかさつき美観が失われることといわれている。つまり、髪と爪は高齢女性の2大課題なのだ。そのため、60代女性向けに、髪をきれいにする美容サービスや爪をきれいにするネイルサービスなどを、デジタルメディアで訴求することは有効となるだろう。

「健康」「お金」で悩むデジタル高齢者

最後に、高齢者の悩みや不安についても調査をしたので、言及しておく。**高齢者が悩み、不安に思うことの中で最大の課題は「健康」**だ。全体の53・7％と半数以上が健康面で悩んでおり、主な悩みの内容は「体力が低下している」（69・3％）、「体力の衰え・疲れやすい」（48・5％）など「身体機能の衰え」を訴える傾向が強く見られた。

そしてもう一つ、**悩みとして比較的高い割合を示したのが「お金」の問題**だ。主な悩みの内容は「老後の資金」（67・0％）、「自身の介護・医療費」（40・9％）となっている。

さらに深掘りすると、特に健康とお金で悩みを抱えるクラスターの存在が見えてくる。例

抱えている一番の悩みは何ですか？

	健康	お金	退屈	孤独
割合	53.7%	29.9%	12.9%	12.1%
悩みの主な内容	**身体機能の衰え**	**老後の資金**	**楽しみ・目標・人間関係がない**	**人間関係**
特に悩んでいるクラスタ	**女性60代 フレイル・プレフレイル デジタル高齢者**	**60代 フレイル・プレフレイル デジタル高齢者 子供同居**	**男性80代・女性70代 要支援者 情弱高齢者＊**	**男性80代 フレイル・プレフレイル 情弱高齢者＊ 単身**

＊情弱高齢者：デジタル高齢者に当たる「PC保有者（自分専用）」「タブレット保有（自分専用）」「スマホ保有（自分専用）」以外の人

えば、健康に関しては、「女性60代」「フレイル（虚弱、要介護の一歩手前の状態）・プレフレイルの問題を抱える人」に加え、「デジタル高齢者」が特に悩んでいることが分かった。また、お金を悩みとする層についても、「60代」「フレイル・プレフレイルの問題を抱える人」「子供と同居」に加えて、「デジタル高齢者」が多い。

　健康とお金への悩みを抱えるデジタル高齢者が多いのは、ＰＣやスマホを活用できるが故に、関連する様々な情報を得る機会が多いことも一因だろう。

Q.サプリメントを摂取していますか？

全体の数値が15%以上の項目を抜粋 単位:%		n	サプリメントを摂取している
全体		344	22.4
性別	男性	145	15.9
	女性	199	27.1
年代別	60代	132	31.1
	70代	134	21.2
	80代以上	78	9.5
保有端末別	PC保有	90	31.7
	スマホ保有	200	33.1

人は衰え始めたタイミングで、最も関心が高まる傾向がある。60代が悩みやすいのはそのためだ。

例えば、ヘルスケア企業がサプリメントを売り込むなら、「60代」かつ「デジタル高齢者」が有望となる。実際、データでは、60代とスマホ保有者でサプリメントの摂取率が高まることが示されている。お金の心配も、サラリーマンを辞めて給与がなくなり、銀行預金の残高が減ることを実感する60代で顕在化する。**金融商品を訴求するのであれば、60代のデジタル高齢者が有力**だ。

「退屈」「孤独」の悩みはデジタルで解決

高齢者の内面での悩みとなる、「退屈」「孤独」に関してはどうだろう。退屈や孤独で悩む割合は全体では1割強にとどまっているが、特に悩みを抱える層としては、「80代」やＰＣやスマホ、タブレット端末などのデジタルデバイスを持たない、いわゆる「情報弱者の高齢者（情弱高齢者）」が目立つ。一方で、**デジタル高齢者は退屈、孤独で悩みを抱える層にはなっていない。**

理由として、デジタル高齢者はＰＣやスマホでYouTubeを見たり、LINEで孫とつながったりしているため、退屈や孤独を回避しやすい点が挙げられるだろう。特にパートナーに先立たれるなどして単独世帯になった場合、身近にデジタルツールがあることで救われるケースは少なくないと考えられる。

逆にいえば、情弱高齢者がＰＣやスマホを持てば、退屈や孤独といった心の悩みは解消される可能性が高くなる。**高齢者に対してＰＣやスマホの保有を促進し、デジタル化を図ることによって、退屈や孤独というペイン（課題）を解決するというのは、一つの有効策となる**だろう。

　本章の冒頭で示した国のデータでは、一人暮らしの高齢者は今後急増する見込みで、２０５０年には全世帯の５分の１を占めるほどになる。今回の調査では、孤独で悩む高齢者の割合はそれほど多くなかったが、これほどまでに単独世帯が増える未来では、かなり大きなテーマになってくることだろう。こうした将来推計を踏まえても、デジタル高齢者を増やしていくことは、孤独回避の鍵となる。

〃デジタルの壁〃の向こう側に市場あり

高齢者実態調査を通じて、高齢者の「現在」を把握することができた。特に優良な消費者として狙うべきは、デジタル高齢者であることも理解できただろう。従来、高齢者は65歳以上をひとくくりにするか、区分したとしても「60歳」「70歳」「80歳」と年齢で区切って語られることが多かった。年齢が進むほど、身体は衰える傾向があり、それも一つの見方だろう。しかし、今回の調査で浮かび上がってきたのは、もう一つの別の側面だ。それが **〃デジタルの壁〃** である。

今回の調査では、ＰＣやスマホなどデジタルデバイスを個人保有し、日常的に使う**デジタル高齢者であるほど、人付き合いが多く、頻繁に外出し、生活満足度が高い**という結果が出た。また、デジタル高齢者であるほど、**健康で、可処分所得額も大きくなる傾向**が見られた。さらに、高齢者にとって課題となる「退屈」や「孤独」も、ことデジタル高齢者に限ってみると、解消されている様子がうかがえた。

高齢者の4大ペインは、「お金、健康、退屈、孤独」といわれている。すなわち、**デジタル高齢者であるほど、この4大ペインを悩みつつも克服できている**ことになる。これは、高齢者本人にとって、極めて重要な視点である。これらの4大ペインとデジタル高齢者であるか否かは、強い相関関係があるからだ。

こうした結果は、高齢者マーケティングを行う関係者にとっても非常に重要な着眼点となり得る。お金、健康、退屈、孤独の問題を克服している高齢者は、〝優良な消費者〟であると見ることができるからだ。つまり、**高齢者本人にとっても、マーケティング担当者にとっても、高齢者の大きな問題は〝デジタルの壁〟である**。その壁を乗り越えた場所に、高齢者にとっての「幸せ」があり、マーケティング担当者にとっての「市場」がある。

「高齢者の現在」と「世代論としての過去」を掛け算せよ

今後、新たに高齢者となるのは、新人類世代（１９６１〜65年生まれ）やバブル世代（１９６６〜70年生まれ）など、現役時代にＰＣやスマホを使いこなしてきた層であり、よりデジタル高齢者に注力する意味が出てくる。今から先行して様々な施策を試しておけば知見を得ることができ、将来的に他社より優位に立てる。早い段階で試行錯誤を繰り返し、いずれ大挙してくる新人類世代、バブル世代のデジタル高齢者の波に備えることが肝要だ。

そして、実際のマーケティングで重要になるのが、高齢者実態調査で明るみに出た「現在」と世代論としての「過去」を組み合わせて考えることだ。

例えば、現在、若いほうが70代後半で、一定のデジタル高齢者がいると見込まれるキネマ世代（１９４０〜46年生まれ）にアプローチする場合を考えてみよう。まずは、彼ら、彼女らが青春時代、映画カルチャーに影響を受けたことを念頭に置く必要がある。米国映画を見て、アメリカンポップスを聴いて育ち、米国への憧れも強かった。マーケティングを行うのであれば、例えばエルヴィス・プレスリーの映像や楽曲、あるいは、『ウエスト・サイド物語』『キューポラのある街』の映像を使って、商品やサービスをYouTube広告などのデジタルメディアで訴求することなどが考えられる。

さらに、そうした往年の名作である青春映画をリメークして上映することも有効だ。スティーブン・スピルバーグ監督がウエスト・サイド物語をリメークし、２０２１年に大ヒットした映画『ウエスト・サイド・ストーリー』はその典型である。当時、映画館に通ったキネマ世代が懐かしさに心を動かされて鑑賞する〝ノスタルジー消費〟を喚起できる。

一方、その次の世代であり、高齢者の中でも最大のボリューム層である団塊の世代（１９４７～49年生まれ）向けに商品・サービスを売りたいのであれば、若い頃にマクドナルドのハンバーガーを食べ、コカ・コーラを飲んできた世代であり、アイビーファッションを取り入れるなど、キネマ世代よりも米国文化にどっぷりつかって育ったことを頭に入れることが重要だ。ザ・ビートルズに熱狂したのもこの世代である。

例えば、広告のクリエイティブでもアイビーファッションでコーディネートしたモデルを起用したデジタルマーケティングを展開し、共感を得る。ＢＧＭにはザ・ビートルズを使うのも良いだろう。アイビーファッションのアパレル自体を現代風にリメークして団塊の世代向けに提供し、ノスタルジー消費を誘う施策も可能性がある。

さらに、若者カルチャーが開花したしらけ世代（１９５０～60年生まれ）であれば、よりマーケティングは取り組みやすい。ニュートラやハマトラ、ＤＣブランドなどでコーディネートしたモデルの起用や、それらを実際に販売するノスタルジー消費、広告のＢＧＭにはユーミンやサザンの曲を流すなど、心をつかみやすい様々な手段がある。彼ら、彼女らの大学時代にトレンドとなったテニス、新婚旅行で憧れの渡航先となったハワイなどをしらけ世代に特化して、デジタル広告で訴求することも効果的だ。

このように、デジタル高齢者と世代論をミックスして考えることによって、より当たる確率が高い高齢者マーケティングのアプローチが見えてくる。

第4章

高齢者は「8パターン」アプローチ法決定版

どこを、どう攻める?
シニアマーケの最適解

デジタル高齢者攻略には8つのペルソナを知るべし

今回の高齢者調査では、高齢者へのインターネット、面談による定量調査に加え、60～80代の自立・非自立（要介護・要支援認定者）の男女30人に対して、Zoomなどのリモート会議システムを活用し、直接ロングインタビューを行う定性調査も実施した。その定性調査の結果に定量調査のデータを組み合わせ、導き出したのが「8つのペルソナ」に分類したデジタル高齢者攻略法だ。どの層にアプローチすべきなのか、さらにはその層にはどのような施策が有効なのかを示した。デジタル高齢者マーケティングを検討する際の考え方のベースとして活用してほしい。

〝思い出消費〟で大成功した「トップガン」

さて、本題に入る前に、今どきの高齢者全体に通用するマーケティングのポイントについて少し紙幅を割いて言及したい。

まず、現時点でも有望であり、将来的にはよりマーケットが大きくなると予想される領域がある。それが、第3章の最後でも少し触れた「ノスタルジー消費（思い出消費）」だ。

シニア世代に共通して言えるのは、**全く新しいものにチャレンジしたり、受け入れたりすることは、少しハードルが高い**ということだ。その代わりに、「見てみたい」「やってみたい」と抵抗感なく飛びつきやすいのが、若かりし頃に一度経験して楽しんだ記憶があり、それがリメークや続編となって再登場してくる商品やサービスだ。「懐かしい」「あの頃、楽しんだ熱狂をもう一度味わいたい」と、ノスタルジーを感じて、それによって消費の歯車が回り出す。**シニアヒットの源泉は、彼ら、彼女らの思い出の中に眠っており、それらをいかに目覚めさせるかが鍵となる。**

特に、分かりやすい形で思い出消費によって爆発的ヒットを生むのが映画だ。団塊の世代が30代中盤から後半、その次のしらけ世代が20代中盤から30代前半、そしてシニア予備軍である新人類世代が20代前半、バブル世代が高校生、大学生のとき、日本で大ヒットした１９８６年上映の米国映画『トップガン』。２０２２年5月、続編となる『トップガンマーヴェリック』が上映されると、それらの世代の思い出消費を喚起し、主演のトム・クルーズの日本における上映映画としては過去最高の興行収入１３７億円超をたたき出した。

映画館には懐かしさに背中を押された多くのシニア、シニア予備軍が足を運び、感動して涙を流す光景も見られた。感涙する姿は、若者からすると違和感があるかもしれないが、感情に「思い出」が乗る分だけ、感動も2倍、３倍になり、「もう一度見たい」「何度でも見たい」というリピートにもつながりやすい。これが思い出消費の強みだ。

実は、こうした思い出消費を狙った映画は、近年、米ハリウッドではヒットメイクを生む常とう手段だ。２０１８年、世界的人気ロックバンド「クイーン」のボーカル、フレディ・マーキュリーを描いた伝記ドラマ『ボヘミアン・ラプソディ』。19年、グラミー賞5度受賞の世界的ミュージシャン、エルトン・ジョンの自伝的映画『ロケットマン』。22年、エルヴィス・プレスリーの生涯を描いた伝記映画『エルヴィス』など枚挙にいとまがない。日本だけでなく、戦後は世界でベビーブームによって多くの子供が生まれ、現在、それらが年齢を重ね、先進国はどこも高齢者が〝固まり〟となって存在する。思い出消費を仕掛けることによって、パイ（母数）が大きい分、爆発的なヒットも生みやすくなっている。

もちろん、思い出消費が有効なのは映画だけではない。若者の間では、数年前から「昭和レトロブーム」と称し、一昔前の喫茶店に行ってスマホで撮った写真をＳＮＳに投稿する行為がはやっている。つまり、若者は自分たちが〝体験したことがない昭和〟を求めて消費している。一方、**高齢者は、自分たちが〝体験した昭和〟を求めて、思い出消費に走る傾向がある**。

そうした消費行動が期待できる今、例えば、旅行ツアーであれば、昭和の時代に若者が足しげく通った思い出の場所を訪ねる「ノスタルジー巡礼」といった企画が心に刺さるかもしれない。あるいは、昭和グルメシリーズ、昭和グルメフェアなど、昔はやったメニューやスイーツを商品化、メニュー化して提供することも考えられる。令和の時代、団塊の世代、団塊ジュニア世代が高齢者となり、国内の高齢者は過去最大のボリュームとなって巨大市場を形成する。**今後、思い出消費は高齢者攻略のキーワードとなる。**

新書『応仁の乱』が〝知ってるつもり消費〟でヒット

思い出消費の派生形で、ヒットが望める手段は他にもある。その一つが、何となく概要は知っているが、詳しくは理解していないテーマについて、深く掘り下げて提供する「知ってるつもり消費」だ。

『知ってるつもり?!』とは、関口宏が司会を務め、日本テレビで２００２年まで13年間にわたり放送された、言わずと知れた教養番組だ。毎回１人の著名な人物を取り上げ、知られざる生涯について詳しく紹介する。それと似たような構図で、表面的な知識はあるが、内情を深く把握していないテーマを扱った書籍の人気に火が付く現象が、高齢者マーケティ

新書『応仁の乱』（中公新書）

ングで巻き起こっている。

　その一つのケーススタディーが、16年に発刊された新書『応仁の乱』（中公新書）だ。室町時代中期に起こり、戦国時代へと移るきっかけとなった内乱で、知名度はあるが、その歴史的背景についてよく知っている人は少ない。歴史に詳しい読者向けに書いた本だったが、一般の知ってるつもり消費を刺激し、歴史書としては異例の約50万部を売り上げるベストセラーとなった。

　14年から19年まで「ビッグコミックスペリオール」（小学館）で連載され、巨人の一時代を築いたダブルエースの江川卓と西本聖の相克を描いた実録まんが『江川と西本』も知ってるつもり消費の典型だ。17年、テレビ朝日の人気バラエティー番組『アメトーーク！』で司会の蛍原徹が紹介すると、大ブレークして版を重ねた。現在のシニア世代は、「巨人・大鵬・卵焼き」で育った団塊の世代を含め、ジャイアンツ・ファンが多い。江川と西本のことは当然知っているが、背景までは認識していない。その上っ面の知識をうまく突き、消費に結実させた。**シニア世代は人口ボリュームが大きいため、ひとたび火が付くとこうした爆発的なヒットにつながりやすい。**

捨てられた高齢者が行きついた「YouTube」

今回の定量調査で明確になったのが、**現時点のデジタル高齢者の利用率が比較的高く、情報を届けるメディアとして有効なのが、「YouTube」「LINE」「検索（Google検索やYahoo!検索）」の3つにとどまる**という現実だ。ただし、後述する定性調査では、デジタルリテラシーが高い一部の間で「Facebook」の活用も進んでいる兆候が垣間見られた。今後、新人類世代やバブル世代が高齢者になる時代には、Facebookも有効なメディアとなり得るだろう。

特に、コンテンツの作成や広告の出稿先として、有望となる**YouTubeはデジタル高齢者を強く引き付けるツールとして、積極的に活用すべき**だ。後述するが、高齢者へのロングインタビューによる定性調査でも、デジタル高齢者でYouTubeを視聴しているユーザーは非常に多く見られた。

YouTubeの視聴が加速したのは、２つの事象が関係している。１つが第1章でも言及したように、テレビがコア視聴率（主に13～49歳の個人視聴率）を採用し、49歳以下をターゲットとして、高齢者を事実上見放したことだ。もう1つが、２０２０年春から新型コロナウイルス感染症によって巣ごもり生活が続き、YouTubeを視聴する機会も時間も増えたことだ。

本来ならコロナ禍ではテレビを見て過ごしていたはずだが、その肝心のテレビが自分たち向けの番組づくりを放棄してしまった。それらの高齢者向けの番組はＢＳに相次いで引っ越した。だが、ＢＳを見る高齢者は一定数いるものの、視聴環境を整えている高齢者世帯はそれほど多くない。そこで、行き場を失ったデジタル高齢者が向かった先がYouTubeだった。テレビが見放した高齢者をYouTubeが受け皿となって拾い、視聴回数が一気に上がったというのが要因の一つだ。

団塊親子は〝友達消費〟を狙え

さらに、団塊の世代から顕在化する、新たな消費スタイルにも注目すべきだ。団塊の世代は戦後世代であり、その上の世代まで名残があった家父長的で封建的な家族像が覆され始めた最初の世代となっている。**特に顕著になったのが、母親と娘がまるで友達のように仲良くなる〝友達親子〟という現象**だ。団塊の世代の母親と団塊ジュニア世代の娘は、上下の関係ではなく、友達のように並列の関係。娘が大人になっても一緒に買い物をしたり、旅行に出かけたりという行動が当たり前のように見られるようになった。

団塊の世代が後期高齢者になりつつある今も、こうした友達親子の関係は健在だ。そうした親子には、母と娘のセットで消費を促すことが効果的である。昔は電話でしかやり取りできなかったが、現在はLINEという強力な代替手段もある。頻繁に連絡を取り合えるため、何か良いものがあれば互いに勧め合って、セット消費に結び付けやすい。一緒に買い物、一緒に旅行を促すキャンペーンを娘向けにYouTubeやＳＮＳで展開し、セット消費を促進させる手段が有効だ。

あるいは、ＥＣ（電子商取引）サイトでの買い物ができない母が娘に依頼し、娘が代わりにAmazonで購入して宅配してもらうという流れも想定できる。〝友達〟であるから親が遠慮することなく、気軽に頼めるわけだ。

こうして友達親子であることを念頭に、**セット消費や代理購買を前提にマーケティングを組み立てることが有効な打ち手**となる。団塊の世代以降は、基本的に全世代で母と娘は友達親子化していると考えられ、友達親子も重要なキーワードとなる。

狙うはデジタルリテラシーの高い高齢者

ここからは本章の冒頭で述べた8つのペルソナについて解説しよう。ペルソナとは、ラテン語で「人格」や「仮面」を意味し、マーケティングでは、商品やサービスの典型的なユーザー像を指す言葉だ。

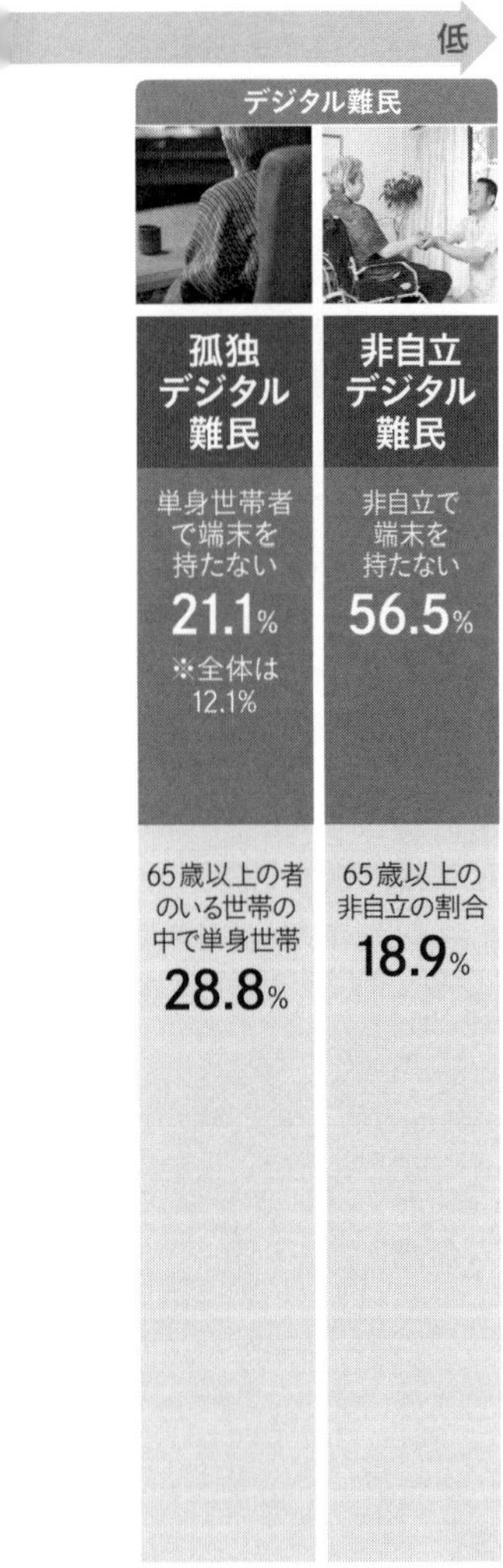

高齢者、8つのペルソナ

← 高　デジタルリテラシー

デジタル高齢者

引退人生謳歌おじ	ボランティアおじ	生涯アクティブウーマン	老老介護者	世代間デジタル	家族経由デジタル
可処分所得の使い道* 「健康・スポーツ」 男性 27.1% ※女性は19.1%	外出目的 「ボランティア」 男性 18.7% ※女性は8.3%	外出目的 「仕事」 女性 21.6% ※男性は31.5%	「現在介護をしている」 17.9%	スマホを保有してLINEを使っている 32.4% ※スマホ保有率×スマホ保有者のLINE利用率	65歳以上の者のいる世帯で子供同居 29.8% ※親と未婚の子20.5%＋戦世代世帯9.3%
*「可処分所得あり」の人の回答 スマホ保有者で可処分所得が毎月5万円以上 男性、以下同 14.7% 可処分所得の使い道「サプリメント」 27.0% スマホ保有者のAmazon利用率 44.6%	スマホ保有者で可処分所得が毎月2〜5万円 男性、以下同 20.7% 可処分所得の使い道「健康食品」 34.3%	可処分所得の使い道「化粧品・ファッション」 女性、以下同 64.9% ※男性は17.4% 同性との交際費 50.2% ※男性は34.0%	60代のスマホ保有者 75.3% 70代のスマホ保有者 51.8% 介護経験ありの高齢者 50.9%	スマホ保有者で「子供・孫にはお金をかける」 32.7% ※全体は24.5%	ガラケー保有者 40.4%

今回インタビューした30人の高齢者は、８つのペルソナのいずれかに当てはまっている。つまり、日本の高齢者はこの８つのペルソナのどれかに該当する可能性が高く、高齢者マーケティングを行う場合に、どの層をターゲットとして設定するか、どんな攻め方で消費を喚起するかを検討する際のベーシックな物差しとなる。

最初に、前ページの８つのペルソナを俯《ふ》瞰《かん》してほしい。それぞれペルソナを特徴づけるネーミングを示して分類した。左に行くほど、デジタルリテラシーが高くなり、右であるほど、低くなる。したがって、デジタル高齢者を狙うという観点からいえば、まずは、左側に示されたデジタルリテラシーの高いペルソナに属する高齢者をどう攻略していくかを考えるのが、マーケティングを成功に導くための近道となるだろう。なお、上位の一部ペルソナに関しては、実際にそのペルソナに該当するデジタル高齢者の事例も付けた。

ペルソナ①

健康意識が高く、レジャーを楽しむ「引退人生謳歌おじ」

最もデジタルリテラシーが高く、優良な消費者といえるのが、一番左に位置付けられた「引退人生謳歌おじ」だ。現役時代は大企業などに勤め、引退後はゴルフや旅行などのレジャーを楽しむクラスターだ。第３章で報告した定量調査で、可処分所得の使い道が「健康・スポーツ」と回答した男性は27・１％（推定人口約３４９万人、以下同）であり、この中に引退人生謳歌おじは存在する。もちろん、健康・スポーツと回答した男性がすべて引退人生謳歌おじに該当するわけではない。約３割という数字は、「どれくらいの割合や人数がいる可能性があるのか」を想定するための参考値として見てほしい（以下同）。

また、引退人生謳歌おじは金銭的に余裕があり、高い予防意識から日常的にサプリメントを摂取し、AmazonなどECサイトで商品を購入する傾向がある。定量調査で、「スマホ保有者で可処分所得が毎月５万円以上」と答えた14・7％（約２８５万人）、「可処分所得の使い道がサプリメント」と回答した27・０％（約１２３万人、算出の分母は可処分所得の使い道で美容関連、健康・スポーツ関連を選択した人）、スマホ保有者のAmazon利用率44・６％（約４３３万人）が、割合と人数を想定する目安となる。

では、定性調査から見いだせる、引退人生謳歌おじの詳細を見ていこう。

【引退人生謳歌おじの具体的なプロフィル】

●概要

同世代人口の多い競争社会の中で活躍し、バブル景気の時期に中年時代を生きた勝ち組。ＯＢ会などで人間関係を保ち、貯蓄と年金で引退生活を楽しんでいる。

●デジタルリテラシー

高い。現役時代に使っていたPCを使いこなし、スマホも取り入れて使い分ける。

●コミュニティー

会社のOB会や、大学の友人。今も理事や顧問などでいくつかの企業と関わりを持つ人もいる。

●可処分所得

年金や副収入で5万〜20万円／月。ゴルフや交際費、趣味、夫婦での旅行にお金を使う。

●メディア

テレビや新聞、Yahoo!ニュースでニュースや経済情報を把握。YouTubeの視聴ジャンルは趣味・音楽。Facebookで会社のOB会や大学の友人とつながっており、近況を発信する。サブスクで映画も見る。

●通販

通販を使いこなす。ゴルフボールや車関連グッズ、PC関連、本、サプリなどを通販で購入する。Amazon、楽天市場、Yahoo!だけでなく、中国最大のEC企業であるアリババ集団の「AliExpress（アリエクスプレス）」を利用する人もいる。

●健康意識

予防意識が高く、グルコサミンやコンドロイチン、DHAなどのサプリを摂取。ゴルフやテニスなど定期的な運動も行う。

●価値観

恋愛結婚が盛んになった時代に結婚し、愛妻家が多い。夫婦で旅行に行くことが楽しみの一つ。妻の勧めやレジャー仲間の勧めが消費のきっかけになることが多い。

実際のインタビュー該当者例①

・東京都在住70代 男性
・元外資系企業のコンサルタント
・可処分所得は月10万円

・健康食品は乳酸菌飲料、ヨーグルト、野菜ジュースを摂取。毎朝、妻からサプリメントを渡され摂取
・毎年妻との旅行で5週間ハワイに滞在。130平方メートルの部屋で暮らし、のんびりゴルフなどをして過ごす。旅行以外は、孫にプレゼントを買う
・テレビはNHKが主で、報道番組（『クローズアップ現代』『モーニングショー』など）を視聴。BSは解説番組が好き（『ヒューマニエンス 40億年のたくらみ』など）。新聞は紙も電子版も日本経済新聞を購読。面白い記事はSlackに取り込む。論文の検索でGoogleを活用する。LINEは家族とのやり取りが中心。YouTubeは情報を調べる際に使う。FacebookはOB会や大学の研究会のコミュニティーで利用
・ECはAmazonや楽天市場を活用。最近はAppleの忘れ物防止トラッカー「AirTag」を購入。他にPCのディスプレー、孫へのプレゼント（おもちゃ、女子用のバッグ）などを購入した
・妻との関係は良好。同じ市内に住む長女・次女家族とも頻繁にLINEで連絡を取

り合う

実際のインタビュー該当者例②

・大阪府在住70代男性
・元外資系企業のコンサルタント
・最近、テスラ車を購入
・グルコサミン、コンドロイチン、ＤＨＡ、ＤＰＡのサプリメントを購入して摂取。インターネットで調べ、頻尿に効くヤシの実を原料とするサプリメントも購入
・現在もコンサル会社と複数の顧問契約をしており、ゴルフに行く収入を確保。太陽光発電で月５万円程度の収入がある
・週３回、友達（元会社のメンバー）とゴルフに行く
・スマホ（iPhone 8）、ＰＣ（レノボ）、タブレット（iPad）を保有。利用はスマホが９割、ＰＣとタブレットが１割
・テレビは『めざましテレビ』と『ひるおび』を視聴。テレビは最近面白くない

と感じる。radiko（ラジコ）で野球中継を聞く。ニュースも検索もYahoo!を使う。YouTubeでテスラのアイテム関連の動画を見て、ネットで購入している。バイクで撮影した動画や地中海クルージングの動画をYouTubeに投稿している。Facebookも週1回投稿する。投稿内容は日常生活。Netflixは『愛の不時着』『梨泰院クラス』を見たきり視聴していない

・ECサイトはYahoo!ショッピングが7割、Amazonが2割。Yahoo!ショッピングではサプリメントや園芸用品、ゴルフ用品を購入。AliExpressではテスラのアイテムを購入

引退人生謳歌おじにはこれが効く！「生涯レジャー訴求」

趣味の旅行やゴルフを存分に楽しんでいるので、それを「生涯続けていくために必要」という伝え方で商品やサービスを提案することが重要だ。「生涯ゴルフを続けていくために、このサプリメントを摂取して健康を維持」「膝が痛くてゴルフができなくなったら、これを摂取」「元気に旅行を続けるために、このジムに通って体力をキープ」など、広告表現を工夫する。

お金を持っており、デジタルリテラシーも高いため、デジタル広告で訴求して、ECサイトで消費につなげる導線が設計しやすい。例えば、YouTubeでサプリメントの広告を流し、Amazonで購入につなげるなどだ。現在の高齢者では珍しくFacebookを利用しているユーザーも目立ち、SNSによる情報の拡散も期待できる。

ペルソナ②

社会貢献意欲の高い「ボランティアおじ」

高齢者のボランティアの参加比率は、実は男性のほうが圧倒的に高い。現役を引退して、今まで人生の多くを費やしてきた仕事の時間が皆無になって暇を持て余すようになり、その時間をボランティアに充てる男性は少なくない。地域活動団体や町内会などは、男性が所属してきた会社と同じように役職があり、活動のイメージが湧きやすく、参加しやすいことも一因だろう。そこで、次のペルソナとして想定できるのが「ボランティアおじ」だ。

定量調査で「外出目的はボランティア」と回答した男性が18・7％（約326万人）に上り、人口ボリュームの目安となる。デジタルリテラシーは高いが、引退人生謳歌おじに比べて可処分所得は少なく、「スマホ保有者で可処分所得が毎月2万～5万円」と回答した20・

７％（約４０１万人）が割合、人数の参考値である。健康に気を使い、健康食品を摂取している傾向があるため、「可処分所得の使い道が健康食品」と答えた34・３％（約１５６万人、算出の分母は可処分所得の使い道で美容関連、健康・スポーツ関連を選択した人）という数値も参考になる。では、定性調査の結果からボランティアおじの詳細を見てみよう。

【ボランティアおじの具体的なプロフィル】

●概要

引退し、役割を求めてボランティアやサークル活動に参加したり主宰したりする。政治への関心が高い。報道番組やドキュメンタリーを好む。

●デジタルリテラシー

高い。デジタル機器を使って自分のコミュニティーを形成し、活動の発信を行う。

●コミュニティー

ボランティア活動やサークル活動のメンバーになっている。ボランティアは地域貢献や、親の介護の経験を生かした介護活動など。サークルは近隣住民の高齢者とウオーキングの会やカフェ会などを運営する。

●可処分所得

年金や副収入で2万~5万円／月。趣味や本にお金を使う。

●メディア

テレビの報道やBSのドキュメンタリーを視聴し、新聞をよく読む。NHKを好む。無料の範囲で新聞のデジタル版を読んだり、YouTubeやYahoo!ニュース、X（旧Twitter）で情報収集を行ったりする。Facebookでコミュニティーの交流や活動状況の発信を行う。

●通販

本や日用品を購入する。

●健康意識

自分でネットの情報を調べ、悩みを解消するサプリメント、健康食品を摂取。健康のため適度な運動も行う。

●価値観

社会貢献意欲が強く、活躍の場を求めている。政治意識も高い

実際のインタビュー該当者例①

・福島県在住60代男性
・元市役所職員。現在は無給で国と市でボランティア活動に従事
・健康食品として、サプリを飲んでいたが、効果を実感できずにやめた。乳酸菌飲料、ヨーグルト、野菜ジュースなどを積極的に摂取。間食の欲求を抑えるために炭酸水を飲む。農作業を行って体を動かしている
・可処分所得は月３万円
・趣味は外国の曲を探して聴くこと。特にレコードを聴くのが好き。バラの栽培が趣味で、YouTubeやブログで家庭菜園のコンテンツを視聴する。YouTubeでは音楽も視聴。Amazon Primeで映画を見る
・スマホ（AQUOS）、ＰＣ（Windows）、タブレット（iPad mini）を個人保有。検

索や資料作成、Amazon Primeでの映画視聴はPC、カメラ撮影はiPadを活用
・テレビは朝食時に『グッド！モーニング』『モーニングショー』を視聴。昼はNHKのニュース、『大下容子　ワイド！スクランブル』、夕食時に午後7時のNHKニュースを視聴。それ以外の時間は自室でPCを使って動画をみる。新聞は地方紙を購読。無料の範囲で毎日新聞や朝日新聞のデジタル版も読む。Yahoo!ニュースはPCを開いた時に読む。LINEは家族とのやり取りに活用

実際のインタビュー該当者例②

・千葉県在住70代男性
・原子力発電所で働いた後、理学療法士の資格を取り、病院で働いて教鞭《きょうべん》も取っていた
・現在はボランティア団体を主宰し、検定試験に挑戦するなど活動的な日々を送っている
・糖尿外来の栄養士のアドバイスに従って食事を管理。健康茶も飲む。ウオーキ

ングも行っている

・可処分所得は月5万円

・スマホ（iPhone）を個人保有し、PCは家族と共用。スマホは通話とLINEが中心。スマホとPCの両方でSNSとYouTubeを見る

・テレビは『サンデーモーニング』『モーニングショー』を見る。BSでNHKの『ヒューマニエンス　40億年のたくらみ』などを見る。新聞は毎日新聞を購読。検索は昔からYahoo!検索を活用。YouTubeはウオーキングの会でカラオケ代わりに歌謡曲のコンテンツを流し、仲間と歌っている。Facebookは昔の同級生とつながっている。X（旧Twitter）には政府批判を匿名で投稿する

・ECはAmazonで本と生活必需品を購入。テレビショッピングは「ジャパネットたかた」の会員。定期的に視聴し、ネット検索で価格比較をしてからどこで購入するかを決める

ボランティアおじにはこれが効く！「コミュニティーでのリアルな口コミを誘発」

ボランティアおじの特徴は、デジタルリテラシーが高いことに加え、コミュニティーを主宰したり、メンバーとして所属していたりすることだ。つまり、ボランティアおじ個人をターゲットに、検索サイト、ニュースサイト、YouTubeなどのメディアで広告やキャンペーンを展開して情報を届けることで、商品やサービスをリアルの口コミで広げてもらえる点がメリットとなる。

ポイントは、そうした広告でいかにボランティアおじの心をつかむかだ。テレビのニュースや新聞から積極的に情報を収集し、社会問題への意識が高いことから、環境や人権などに配慮していることを重点的に訴求すると、関心を誘えるだろう。「売り上げの5％をアフリカの難民に寄付」といった施策にも心を動かされる可能性がある。引退人生謳歌おじと比較して可処分所得が低いことから、「友人が購入すれば割引」などのインセンティブも効果的だ。

一方、コミュニティーの場を借りて、多くの人を集められる力があることにも着目したい。例えば、謝礼などのインセンティブを与え、健康食品、サプリメントのサンプリングを依頼するアプローチも考えられる。ＳＤＧｓ（持続可能な開発目標）に配慮した商品やサービスを本人に売ることに加え、ボランティアおじを〝媒介者〟として様々なマーケティングに活用する方向性を模索したい。

ペルソナ③

ミーハーで美容意識の高い「生涯アクティブウーマン」

高齢女性のペルソナとして、定性調査でその存在が浮かび上がってきたのが、生涯にわたってできる限り現役で働き続けることを目指す「生涯アクティブウーマン」だ。生活費の不足をパートで補うケースから、個人の技能を生かしたり、会社経営をしたりして稼ぐパターンまで実像は幅広い。定量調査では、「外出目的が仕事」と回答した女性が21・６％（４７１万人）いることから、これが参考値となる。

仕事先で人と接する機会も多いことから、容姿を整える意識が高いことが特徴だ。近所や友人との付き合いが活発で、同性とカフェや食事に行ったり、旅行に行ったりする交際費にお金をかける傾向もある。定量調査では可処分所得の使い道が「化粧品・ファッション」と答えた女性が64・９％（約９２９万人）、「同性との交際費」と答えた女性が50・２％

（約718万人）に上り、これらの数値を市場規模のイメージに役立てたい。
同様に、生涯アクティブウーマンの詳細を確認しよう。

【生涯アクティブウーマンの具体的なプロフィル】

●概要

高齢になってもパートや自営業など自分に合った形で仕事を続けている女性。現役意識が高く、容姿を整えておきたいと考えている。地上波テレビでは再放送のドラマやバラエティーを好む。

●デジタルリテラシー

高い。スマホ（LINEなど）やPCを使って仕事やパートの連絡を取ったり情報収集を行ったりする。

●コミュニティー

職場の同僚や近所のマダム、習い事の友人、昔からの友人など幅広い。内面も若々しく、自分の娘とも仲が良い。

●可処分所得

年金や給料で2万〜10万円／月（仕事の形態によって幅がある）。仕事やパートでは、児童館勤務、農作業、イラスト制作、理容師など、自分の興味のある分野で無理なく活動を続ける。カフェや習い事、美容、旅行にお金を使う。

●メディア

テレビやBSで再放送のドラマやワイドショー、バラエティーを見る。YouTubeでは音楽や趣味、体操の動画を視聴。Facebookで学生時代の友達と連絡を取り合ったり、娘のInstagramを見たりする。新聞や女性誌も読む。

●通販

通販で化粧品やサプリメント、健康食品を購入。

●健康意識

身体能力の衰え、視力低下、認知症などの予防のためにサプリメントや健康食品を摂取。美容意識も高く、基礎化粧品をしっかり使い、ある程度メークもして容姿を整えている。

●価値観

今もミーハー心が残っていて、消費意欲があり、容姿を意識している。

実際のインタビュー該当者例①

・千葉県在住70代女性
・夫とは5年前に死別
・出版関係の仕事をしていた関係で、現在も出版やイラスト関連の仕事を受注
・毎日イラストをInstagramに投稿。デジタル機器の取り扱いに慣れている
・自炊し、栄養バランスの良い食事を取るとともに、毎日1時間のウオーキングを日課とし健康を保っている。風邪予防のためにヨーグルト「R－1」（明治）も摂取
・可処分所得は月20万円
・交際費のほか、陶芸教室に通う月謝と交通費で出費。たばこは1日1箱を消費。

本は主に図書館で借りるが、ときどき購入する。家中の壁に本を並べている。美容は乳液とクリームを活用。人に会うときはファンデーションと口紅をつけたり、眉を描いたりする程度

・スマホ（iPhone）、PC（Mac）、タブレット（iPad）を個人保有。iPadの設定は友人の娘にしてもらい、Photoshopでイラストを描いている

・テレビはNHKやEテレをよく見る。『開運！なんでも鑑定団』『家、ついて行ってイイですか？』や再放送のドラマを好む。ラジオはJ-WAVEを聞く。従来、朝日新聞を購読していたが、東京新聞に替えた。LINEは20人程度とつながり、そのうち約10人と頻繁にやり取りをする

実際のインタビュー該当者例②

・東京都在住60代女性

・児童館で週3回パート勤務。健康意識は非常に高い。ネットゲームやネットショッピング、SNSを利用。健康やファッション、美容、旅行などの消費意欲も高い

・目の網膜に効くサプリメントは同じ商品を10年間飲み続けている。サプリメントはYahoo!ショッピングで購入。花王のヘルシアシリーズも飲む。他にブルガリアヨーグルト（明治）、雑穀米を毎日食べる
・可処分所得は月５万円
・洋服や化粧品、サプリメントを購入する。化粧品はORBISを活用。整体にも通っている。
・携帯電話、ＰＣ（Windows）、タブレット（iPad）を個人保有。ＰＣとタブレットの利用がメインで、主にゲームをする。タブレットは外でも持ち歩く
・テレビはワイドショーや『アメトーーク！』『ロンドンハーツ』『ひるおび』などを視聴。ＢＳはドラマや旅番組を見る。ＢＳの映画は録画して視聴する。新聞は毎日新聞を購読。Yahoo!ニュースはＰＣでチェックしている。YouTubeは猫や手芸のコンテンツを見る。YouTubeはコロナ禍を契機に視聴する頻度が増えた。Facebookは中学・高校時代の友人とつながるため、Instagramは娘の会社の投稿を見るために使う

・テレビショッピング（ジャパネットたかた）で掃除機や炊飯器の使い方を参考にして、インターネット通販で購入した。洋服や化粧品、サプリメントは通販で購入する。主に割引クーポンを提供しているＥＣサイトを活用

生涯アクティブウーマンにはこれが効く！「現役継続アピール」

生涯アクティブウーマンのニーズは長生きではなく、ずっと現役で輝きながら働き続けられることだ。日々、外出して仕事で人前に出るため、容姿を整えることは必須。化粧品メーカーやアパレルメーカーは、生涯アクティブウーマンにアプローチすることで、マーケティングを効率化できる。

従来、化粧品業界では、働く高齢女性にアピールするような広告は見受けられなかった。

だが、時代的には男女雇用機会均等法の第1世代が60代前半となり、今後は生涯アクティブウーマンを目指す女性も増えていく。高齢になっても働き続ける女性像を広告表現で描くことによって、ピンポイントに「自分たち向けの商品」と意識させ、需要を喚起するアプローチが効果的だ。

一方、交友範囲が広く、友人の女性や娘と頻繁に出かけて消費する傾向があることも特徴だ。現役で働いているため、活発で、「娘と一緒に買い物に行っている」「娘と一緒にアイドルグループ『Snow Man』のYouTubeを楽しんでいる」など、若々しい印象を受けるエピソードも数多く出てきた。

小売業界や旅行業界、飲食業界にとっても生涯アクティブウーマンはターゲットとなる。生涯アクティブウーマン向けに特化し、そうした〝同性消費〟をイメージさせる広告を打ったり、同性で一緒に購入すると特典が付く商品やサービスを訴求したりすることも一つの手となる。

ペルソナ ④

介護の合間にメディアで息抜き「老老介護者」

80代や90代の親を介護する60代の子供が、ペルソナの4番目である「老老介護者」だ。60代であれば、高齢者の中では若い部類のため、デジタルリテラシーは比較的高い。定量調査では、「現在介護をしている」と答えた高齢者の17・9％（約７８０万人）や「介護経験ありの高齢者」50・9％（約２２１８万人）が参考値となる。

また、老老介護では、高齢の夫が妻、あるいは高齢の妻が夫の介護をするパターンもある。その意味で、60代だけでなく、70代以上も老老介護者となる場合もある。

【老老介護者の具体的なプロフィル】

●概要

自分や夫の親の介護、あるいは夫（妻）の介護をしている。老老介護者は60代～70代が中心。介護で自分の時間がなくなることを実感しているので、自身の介護を子供にさせたくないと思っている。また、老後の資金に不安を抱いている。

●デジタルリテラシー

スマホ保有率が高い。

●コミュニティー

介護で忙しく、友人との交流など自分の時間が取れない状況。

●介護

日用品の代行購入、調理、掃除、排せつ・食事・着替え・入浴の介助などを行う。デイサービスやショートステイも週に何日か利用する。精神的にも体力的にも疲弊している。

●メディア

デイサービスの利用により手が空いた時間や食事の時間に、テレビや新聞、YouTubeを見る。YouTubeは好きな歌手の動画を見る。それらのメディアが自分の時間の息抜きや情報源になっている。

●通販

紙パンツや介護用品など、かさばる商品、近所では入手困難な商品をネット通販で購入。

●健康意識

自分の介護で子供に迷惑をかけたくないという思いが強く、健康診断などに定期的に通って、体の状態をチェックしている。予防目的でサプリや健康食品を摂取する。

老老介護者にはこれが効く！「時間限定ソロ活推し」

インタビュー調査をした人の多くが口にしていたのが、老老介護によって「自分の大切な時間が奪われている」という恨み節だ。介護は精神的にも肉体的にも想像以上に疲弊する過酷な労働である。そうした中、唯一の息抜きとなっているのが、介護をする親や配偶者をデイサービスなどに送り出し、一人になって、食事や休憩ができる時間だ。その時間を利用して、テレビやYouTubeを見ているという老老介護者も見受けられた。

老老介護者に必要なのは、がんばっている自分に寄り添ってくれる言葉だ。広告表現では、「あなたは十分がんばっている」と承認するようなメッセージを入れると、心に響きやすい。その上で、限られた時間を楽しめる商品やサービスを提供することが鍵となる。

例えば、ほっと一息ついてリラックスできるようなハーブ系の飲み物を提案する。あるいは「今夜は自分の楽しみを追求しよう」と、好みそうな映画やドラマの情報、スマホゲー

chocoZAP（チョコザップ）

ムの情報などを届けてもよい。また、低価格ジム「chocoZAP（チョコザップ）」のような時短ジムも利用しやすいため、老老介護者に特化して訴求すると有効だ。

一方で、自分の介護で子供に迷惑をかけたくないと考えている点も注目。健康を保ちたい意識は強く、健康食品やサプリメントメーカーの重要なターゲットともなる。

さらに、老老介護者は、紙おむつなど持ち運ぶのに手間がかかる介護用品を、ネット通販で購入するケースが目立つ。情報の伝達から購入までデジタル上で完結することも利点といえるだろう。

ペルソナ ⑤

孫が唯一の楽しみ LINEで家族とつながる「世代間デジタル」

スマホを保有しているが、デジタルリテラシーが低いため、その扱いには慣れてない。自分と子供や孫との世代間で、LINEによるやり取りができるレベルの高齢者のペルソナが「世代間デジタル」だ。離れて住む子供などからLINEに届く、孫の写真や動画を見るのが最大の楽しみである。定量調査で「スマホを保有してLINEを使っている」（スマホ保有率×スマホ利用者のLINE利用率）と回答している32・４％（１４１２万人）が参考値だ。

また、世代間デジタルは、可処分所得は低いが、子供や孫へのプレゼントには出費を惜しまない傾向があり、スマホ保有者で「子供・孫にはお金をかける」と答えた32・７％（約７１４万人）も参考となるボリュームになる。

【世代間デジタルの具体的なプロフィル】

●**概要**

デジタルには疎いが、子供や孫とのLINEでのやり取りのためにスマホを持つ。可能なのは、LINEや検索、メール、通話など簡単な操作が中心。孫の写真を見るのが楽しみ

●**デジタルリテラシー**

低いが、子供や孫に教えてもらって簡単なスマホ操作は行える

●**コミュニティー**

家族、近所の友人、(非自立の場合は)介護スタッフ

●**可処分所得**

年金で1万~5万円/月。孫のプレゼントや日用品にお金を使う

●**メディア**

テレビはワイドショーやドラマ、バラエティー番組などを満遍なく見る。ラジ

オで音楽を聴く。子供とLINEを頻繁にして、孫の写真を楽しみにしている。クイズ番組の回答や外出時の目的地までのルートを調べる際にスマホで検索する

●通販

『通販生活』（カタログハウス）などのカタログ冊子で購入。ネットショッピングは失敗が怖くて使っていない

●健康意識

規則正しい生活を送るように意識。ヨーグルトやマヌカハニーなど自分が続けやすい商品を取り入れている。女性はスキンケアと髪に対しての美容消費は行う

●価値観

家の外での活動が少なく、家族とのやり取りを楽しみにしている。家族とは、スマホの使い方を教えてもらったり、買い物に連れて行ってもらったりして、関係は良好

世代間デジタルにはこれが効く!! 「孫とのコミュニケーション促進」

世代間デジタルは、「家族とLINEでやり取りしていること」「可処分所得は少ないが子供や孫にはお金を使う」が2大特性だ。高齢者から孫に「誕生日やクリスマスにはどんなプレゼントが欲しいか?」とLINEでチャットすることもあるだろう。そうした孫とのコミュニケーションを円滑に行うための情報やツールは喜ばれる。

保育園・幼稚園の年代にはやっている玩具や遊び、小学生でトレンドになっているゲームなどの情報をLINEの広告やニュース、あるいは日々よく視聴するワイドショーの情報コーナーなどで発信して届け、チャットのネタとして活用してもらうことも一案だ。

せっかくスマホを持っているのだから、スマホ講座やスマホ教室への参加を促すことも世代間デジタル向けの有効な施策だろう。検索で玩具や遊びのスポットの情報を自ら集めたり、ＥＣサイトで買い物をしたりできるようになれば、孫と関わる際の楽しみも増える。そうして「孫とのコミュニケーションが促進されること」を重点的に訴求すると、参加のモチベーションを高められる。

ペルソナ 6

家族に依存し家族消費を行う「家族経由デジタル」

世代間デジタルと同様、コミュニティーが家族や近所の友人で、可処分所得は比較的少なく、視聴するメディアもテレビ番組が中心なのが、家族経由デジタルだ。世代間デジタルとの差は、使っている端末がスマホではなく「ガラケー（従来型携帯電話）」であることと、子供や孫の家族と「同居・近居」していることだ。同居、もしくは近居しているため、ネットでの情報の検索、ＥＣサイトでの購入、YouTubeの視聴は、スマホを持っている子供や孫に頼めば事足りる。孫とのコミュニケーションもリアルで行えるため、LINEが不要になり、そのためスマホも持たない。

内閣府が公表した「令和５年版高齢社会白書」で示された、21年の65歳以上の世帯構成で、「親と未婚の子のみの世帯」（20・５％）と「三世代世帯」（９・３％）を合わせた29・８％（約１０７９万人）がボリュームの参考値だ。また、定量調査で「ガラケー保有者」と回答した40・４％（約１７６０万人）も参考となる割合、人数である。

【家族経由デジタルの具体的なプロフィル】

●概要

デジタル機器を持たないか、携帯電話を保有。同居家族や近所に住む子供を頼る

●デジタルリテラシー

低い。携帯電話の利用は通話がメイン。ＰＣやスマホを持たないアナログ人間

●コミュニティー

家族・近所の友人・（非自立の場合は）介護スタッフ

●可処分所得

年金で１万～５万円／月。孫のプレゼントや日用品にお金を使う

●メディア

テレビなど旧メディアにしか触れない。在宅時はテレビをつけっぱなしにして、家事などを行う。歌番組を好む。ラジオで音楽を聴き、新聞や女性誌を読む

●消費

自分で通販は使わないが、子供を経由して通販コスメを購入することがある（同居する娘に頼んで「ドモホルンリンクル」を一緒に買ってもらうなど）。子供に百貨店に連れて行ってもらい、化粧品や孫へのプレゼントを買う

●健康意識

自発的に健康対策は行わないが、家族からの勧めがあれば従う。女性はスキンケアと髪に対しての美容消費は行う

●価値観

家族との関わりで元気をもらっている。同居の場合は、夫や子供と不仲だったり、自分が迷惑をかけていないかと家族関係に不安を抱いたりすることもある

家族経由デジタルにはこれが効く！
「同居・近居家族の代理購買を狙う」

本人はデジタル高齢者ではないが、同居・近居の家族が側にいるため、子供のスマホに情報を届け、親に伝達してもらって購買欲を喚起したり、子供が代わりにECサイトで購入したりする代理購買が期待できる。例えば、親と同居している子供をセグメントし、高齢者にニーズがありそうな健康食品や介護用品を、広告などを通じて提案するマーケティングが考えられる。

世代間デジタルにアピールするメリットは、親と子供の両方の財布から消費が見込める点だ。情報を子供から親に伝達してもらい、その先の支払いは子供でも親でも良い。同居・近居は財布が2つあるため、より購買につながりやすいといえる。その意味で、家族経由デジタルは優良な消費者と見られる。

ペルソナ⑦

低意欲・少コミュニティー「孤独デジタル難民」

一人暮らしの単独世帯で、携帯電話やＰＣも使っていない非デジタル高齢者が孤独デジタル難民だ。令和の時代、65歳以上の高齢者世帯では、現在最大のボリューム層である「夫婦のみの世帯」を、近い将来、「単独世帯」が追い抜くという予測は前述した通りだ。特に、寿命が長く、結婚時の年齢が夫より低い傾向がある女性の独居が課題となる。消費者というより、増加する高齢者の単独世帯を社会問題として捉え、どう対策を打っていくかを考えることが重要だ。

そうした意味で、単独世帯高齢者のデジタル化を図ることは問題解決の突破口になり得る。デジタル高齢者は人間関係数が多く、外出する回数も増え、生活の満足度も高くなる傾向があるからだ。

定量調査から、「単身世帯者で端末（スマホ、携帯電話、ＰＣ、タブレットのいずれか）を持たない」と回答した21・１％（約１５７万人、算出のベースは65歳以上の単独世帯）がボリュームの参考値となる。令和５年版高齢社会白書で示された２０２１年の65歳以上の世帯構成で、「単独世帯」の28・８％（約７４３万人）も参考として提示できる数値だ。

【孤独デジタル難民の具体的なプロフィル】

●概要

デジタル機器を持たない単身者。家族や友人はいないか、住む距離が遠く、関わる人は介護スタッフのみの状況。週に何度か介護施設に通うが、その他の日は自宅でテレビを見て過ごしている

●デジタルリテラシー

低い。端末を持たないか、使わない携帯電話を所有している。連絡を取る人が

いない

●コミュニティー

自立の場合はなし。非自立の場合は介護スタッフのみ

●可処分所得

なし。僅かな年金で介護サービスの利用料と固定費・食費を賄っている

●メディア

テレビが唯一の情報源。家にいるときはテレビをつけっぱなしにしている。大河ドラマ、歌番組などを見る。社会の話題に関心が薄く、ニュースは「自分とは関係のないこと」と思う傾向も見られる

●通販

使わない。テレビショッピングも単に放送を流しているだけ

●健康意識

自発的に健康対策は行わない。介護施設ではバランスの取れた食事を取るが、自分で購入するときは、パンやおにぎりなど出来合いで栄養価の偏ったものを食べ

る。運動は介護施設で体操に参加する

●価値観

昔はタバコや競馬、旅行や外食など嗜好品や趣味を楽しんでいたが、今は消費意欲がない。家にいると1人なので、デイサービスなどで人と関われることを楽しみにする

孤独デジタル難民にはこれが効く！「介護者を経由せよ」

孤独デジタル難民は消費意欲に乏しく、広告などを使った情報も届けにくいため、本人へのアプローチは困難であるのが実情だ。ただし、手がないわけではない。本人が自覚していない課題や問題に関して、唯一の人間関係である介護者は把握している場合が多い。そ

のため、介護者へのマーケティングが消費につながる導線となる。例えば、汚れが付きにくいズボンやパンツなどを本人ではなく介護者に提案し、介護者から本人に必要性を説いてもらう。

一方、単独世帯の高齢者が自分自身で食事を済ませる際、よく購入するのが近所にあるコンビニエンスストアの弁当などだ。コンビニは若者向けの商品が話題に上りやすいが、本当に必要なのは、こうした単身高齢者向けの栄養バランスが取れた弁当である。今後の単身高齢者社会に備え、コンビニはシニア市場を開拓することが重要だ。シニア向けの弁当なども介護者経由で訴求することが有効となる。

ペルソナ⑧

介護施設で生活が完結する「非自立デジタル難民」

最後のペルソナが、要介護認定や要支援認定を受け、デイサービスや在宅介護を利用したり、老人ホームに入居したりしている非自立デジタル難民だ。端末を持たず、情報源は介護スタッフかテレビのいずれかに限られる。介護者以外の人間関係は、時折遊びに来る家族だ。介護施設内で体操やトランプなどの娯楽を介護者、高齢者同士で楽しむ。

定性調査で「非自立で端末を持たない」と回答した56・5％（約391万人）、厚生労働省公表の65歳以上の非自立者（要介護・要支援者）の割合である約18・9％（約691万人）がボリュームの参考値となる。

【非自立デジタル難民の具体的なプロフィル】

●概要

要介護（要支援）認定を受け、デイサービスや在宅介護を利用するか、老人ホームに入居。端末を持たず、情報収集源は介護スタッフかテレビのみ。介護施設での娯楽や体操、コミュニケーションを楽しんでいる

●デジタルリテラシー

低い。端末を持たない

●コミュニティー

家族、介護スタッフ

●可処分所得

なし。年金や家族のサポートで介護サービスの利用料を捻出

●メディア

施設や自宅で寝ながらテレビを見たり、新聞や週刊誌を読んだり。ラジオも聞

く。歌番組を好む

●**通販**

使わない。自ら消費を行う機会が極めて少ない

●**健康意識**

介護施設で出されたものや処方された薬を服用する。自分の健康状態を受け入れている。若年性認知症などが原因で60代にもこのペルソナに当てはまる人がいる。女性は髪と爪の美容に対しては意欲を見せる場合がある。そのため、散髪、ネイルサービスを提供する介護施設が増えている

●**価値観**

介護施設でのイベントやコミュニケーションを楽しんでいる。助けてくれる家族に感謝している

非自立デジタル難民にはこれが効く！「家族・介護者を経由せよ」

本人の意向で消費を行うことがほとんどなく、消費者としては離脱している層といえる。それでもあえて消費者として捉えるのであれば、マーケティングを行う対象は本人の家族、もしくは介護者となる。

人生の希望は、「家族と介護者の関係が良好であること」「施設にいるとき、みんなで行うトランプなどの娯楽、YouTubeで昔の歌謡曲を流して一緒に歌うカラオケ、体操などが楽しみ」「高齢者どうしで仲良くなること」の3点だ。その希望をかなえていかにハッピーに過ごしてもらえるかが鍵となり、関連する商品やサービスを家族や介護施設に提案することがマーケティングの糸口となる。

特に注目したいのが、非自立であっても、髪と爪の美容に関心を持つ高齢女性が多いことだ。散髪やネイルサービスを行うと、うれしそうにする人が多いという。非自立者向けの美容サービスは今後伸びる可能性がある。

＊　＊　＊

いかがだっただろうか。今回紹介した、「引退人生謳歌おじ」「ボランティアおじ」「生涯アクティブウーマン」「老老介護者」「世代間デジタル」「家族経由デジタル」「孤独デジタル難民」「非自立デジタル難民」の8つのペルソナの中で、デジタル高齢者といえるのは「世代間デジタル」より前の高齢者だ。そこに直接アプローチを図るのが、優先事項といえるだろう。加えて、業態によってはそれ以外のターゲットに対し、家族や介護者などを経由して、間接的に攻略する方法もある。本調査のアプローチ法をぜひ参考に施策を進めてほしい。

第5章

デジタル高齢者マーケティング実践編

高齢者に愛されるサービスのつくり方

高齢者を知り抜く『ハルメク』70代超をLINEで攻略

ハルメク・エイジマーケティング

高齢者の間でスマホ保有者が増えていることは、公的データでも明らかになっている。しかし、どの程度使いこなせ、どんなふうに利用しているのか、具体的な実態となると、途端に不透明になる。実態が分からないから対策もできず、どの企業もマーケティングに手こずっている。

そうした中、独自のリサーチで知見を積み上げ、大手企業にノウハウを提供しているのが、シニア向け女性誌として知られる『ハルメク』のグループ会社であるハルメク・エイジマーケティング（東京・千代田）だ。デジタル高齢者を知り抜き、シニア施策に挑む大手企業から引っ張りだこになっている。まずは、同社のすごさと、知られざるシニアマーケティングの現状に迫る。

独自のシニアリサーチで知見をため込む

国内雑誌の凋落が止まらない。そんな中、女性誌で販売部数〝日本一〟（日本ABC協会発行社レポート　2023年1～6月）を誇り、独り気を吐くのがシニア向け女性誌『ハルメク』だ。シニア女性から絶大な支持を得ている理由は、彼女たちのリアルな声を反映しているからだ。読者に対し、膨大な量のヒアリングを行い、「今知りたいこと」「悩み」「要望」など、リアルな声を徹底的に収集、分析する仕組みを整えている。それらを反映した企画を立案するからこそ、シニア女性の心を捉えて放さない。毎号、スマホの使い方を高齢者でも分かりやすく紹介する特集など、人気企画が目白押しだ。

だが、雑誌のハルメクは企業の一つの顔に過ぎない。ハルメクグループはシニアマーケティングに特化し、雑誌以外にも通販や店舗、イベント、ＢｔｏＢ支援など手広く事業を展開している。そのうち、ＢｔｏＢ支援事業としてシニア領域特化型のコンサルティングやオウンドメディア支援を行っているのが、グループ会社のハルメク・エイジマーケティングだ。独自のシニアリサーチで知見をため込み、日本の名だたる企業にノウハウを提供している。特に、どの企業にとっても喉から手が出るほど欲しい「シニアのデジタル利用の実態」に精通しているのが強みだ。

高齢者に有効なビッグワード

同社では、どのようにシニアのデジタル利用の実態を把握しているのか。そのアプローチは、実は雑誌のハルメクと同様だ。高齢者にじかに接触し、リアルな声や行動を収集するという骨の折れる作業を地道に行っている。

「実際、ＰＣの操作はどのように行っているのか。あるいは、スマホやLINEはどう使って、動画はどうやって見ているのか。ハルメクの読者や通販の会員などから選抜した高齢者に当社に来ていただき、一つひとつの挙動を見たり、ヒアリングを行ったりしながら、特徴や問題点を洗い出し、分析や有効な対策を見いだしていく」と、同社営業局コンサルティング部長の熊倉圭介氏は話す。

そうやって、シニアに対し、繰り返しユーザーテストと分析を行った結果、どこにもない唯一無二のファインディングス（発見）が積み上がっていく。

では、ファインディングスの一端を見ていこう。まず、同社による様々なテストから見えてきたことは、前提として、**シニアは文字入力が苦手**という事実だ。例えば、検索窓に対する入力では、ＰＣでもスマホでもミスが多い。加えて、「１つの単語で検索する」傾向もある。入力作業が多くなるため、現役世代や若者のように、複数の単語を入力して絞り込んだ検索を行わない。例えば、銀座でランチの場所を調べる場合、「銀座　ランチ」とは検索せず、「銀座」か「ランチ」と入力しがちだ。

さらに、サジェスト機能（検索エンジンで文字を入力する際、キーワードを予測して表示する機能）により、**入力途中で候補として表示された単語を押しがち**という特徴も見られる。入力が苦手なため、サジェストに頼るわけだ。結果、当初、頭に浮かんだ単語以外を選んで検索してしまう可能性も出てくる。

こうした行動特性が分かると、具体的な対策が見えてくる。１つの単語で検索するということは、消費者が検索したキーワードに関連した広告を表示させる「リスティング広告」を行う場合、誰もが思い浮かべやすい、いわゆるビッグワード（検索されることが多いキーワード）で出稿するのが効果的ということだ。また、サジェスト機能の候補単語を押しがちであるなら、入力途中でどんな単語が出てくるかをあらかじめ確認し、必要に応じてその候補単語での出稿も検討対象となる。

関連する行動としては、**高齢者は検索結果の一番上に表示されたタイトルや説明文をクリックすることが多い**という特性もある。「シニアは検索結果の一番上にあるものほど、良

いものであり、自分に合うと考えている。それが広告なのか自然検索で示された項目なのかは気にせずクリックする」（熊倉氏）

実際、検索サービスを提供する他社の調査でも、高齢になるほど、検索広告のクリック率は高くなる傾向を示しているという。つまり、多少費用をかけてもビッグワードで出稿すれば、高齢者はクリックしてくれる確率が高く、現役世代や若者以上にリスティング広告が効くということだ。

高齢者はスクロールが得意

得意な操作もある。その一つが画面のスクロールだ。PC、**スマホのいずれでもスムーズに操作でき、そのページがどんなに縦長でも、どんどん下へ下へとスクロールし、最後まで見てくれる。逆に、1つのページをより短くして、クリック（タップ）することによってページが遷移する仕組みは苦手**だ。ページが次から次へと遷移すると、迷子になってしまったとネガティブな感情を抱き、離脱してしまう可能性が高まる。

こうした行動から導き出される対策は、情報量が少ないページを複数用意するのではなく、情報量が多くても1ページに集約することだ。極力ページを遷移させずにコンバージョン（サービスの利用開始）まで完了する導線設計を行うとよい。

そして、**入力が苦手にもかかわらず、登録フォームはすべての項目を埋めがち**な傾向も見られる。一般的に登録フォームは、任意項目と必須項目が混在している場合が多い。それらに対し、高齢者は全部入力しなければならないと考えてしまい、任意項目までも何とか埋めようとする。すると、入力回数が多くなる分、ミスも発生する。登録ボタンや送信ボタンをいくら押しても、間違いがあるために次の画面で入力エラーの表示が続き、途中で登録を諦めてしまうのが往々にしてあるパターンだ。

したがって、高齢者向けの商品やサービスの登録や申し込みフォームでは、**余計な任意項目を設けないことが鉄則**となる。全角や半角の自動変換機能によって、そのどちらで入力しても表記が統一され、エラーを発生しにくくする工夫も必要だろう。入力後、その場ですぐに誤りが分かるような表示も、入力ミスが多い高齢者の手助けになる。

シニアは2次元コードが大好き

こうしたユーザーテストを、知見の蓄積だけでなく、ハルメクグループの事業の改善にも役立てている。その一つが、雑誌『ハルメク』の通販カタログから厳選した商品をリアル店舗で販売するセレクトショップ「ハルメク おみせ」のLINE公式アカウントの見直しだ。

同社では、高齢者を対象に既存のLINE公式アカウントのユーザーテストを実施した。テストでは、①LINEで友だちになる、②会員登録する、③クーポンを獲得する、という３つの操作がスムーズにできるかを検証した。

まず、店頭のレジ付近に設置されることが多い、LINE公式アカウントを登録するための２次元コードの読み込みは問題なくクリアできた。スマホのカメラを起動してレンズを２次元コードに向け、表示されるＵＲＬをタップするだけで簡単に読み込みが完了する。そのため、どの高齢者も得意とし、「誰でもできるスマホの簡単な操作」として、**2次元コー**

ドの読み込みを、むしろ好んで行う人もいるほどだ。

高齢者が２次元コードを好きになったのには背景がある。一つは、スマホの標準機能として、カメラで直接２次元コードを読み込めるようになったことだ。従来は、２次元コードの読み込みアプリが必要だった。それを、２０１７年にiPhone、18年にAndroidがカメラからの直接読み込みを可能にした。

もう一つは、**２次元コード決済を利用する高齢者が増えた**ことだ。PayPayなどが自治体とタッグを組み、ドラッグストアやスーパーなどの買い物で購入額の10％や20％のポイントが付く高還元率キャンペーンを全国各地で展開している。高齢者はこうした〝得になる〟ことにめっぽう弱い。レジで２次元コードを読み込み、支払額を入力して決済することも繰り返し行えば手慣れた操作になる。こうして２次元コードはもはや高齢者に最も普及しているデジタル機能となっている。

デジタルをシニアフレンドリーに書き換える

しかし、ユーザーテストでは、その後の会員登録で苦手な入力操作があり、つまずく人が相次いだ。入力項目や入力欄の文字が小さくて読みにくい。郵便番号の項目でハイフンを入れなければならず、入力が難しい。必須項目か任意項目か分かりづらい。入力結果を確認する画面がなくて不安。入力項目を送信後、クーポンがどこでもらえるのか分からないなど、課題が山積みだった。同様の課題を抱える企業のLINE公式アカウントも少なくないだろう。

そこで、ハルメク・エイジマーケティング主導でリニューアルを実施した。入力フォームでは、各項目の文字サイズや入力欄を拡大し、不要な入力項目を削除。さらに、誕生月は入力ではなく、該当月をタップする方式にして入力負荷を軽減した。送信前に入力内容を確認できる画面も入れて不安を解消した。

【変更前の入力フォーム】　【変更後の入力フォーム】

加えて、友だち登録時の導線を見直し、トーク画面でチャットボットとやり取りしてアンケートに回答する方式に切り替えた。高齢者は子供や孫とのやり取りでLINEのチャットには慣れており、この方式のほうが答えやすいからだ。併せて、トーク画面にクーポンを表示し、LINEのトークルームを開くと下部に表示される「リッチメニュー」を提示することによって、様々な商品情報へのアクセス導線を確保した。

デジタル高齢者といえども、現時点では、現役世代や若者のようにスマホなどの操作に熟練しているわけではない。高齢者なら

【変更前のトーク画面】　【変更後のトーク画面】

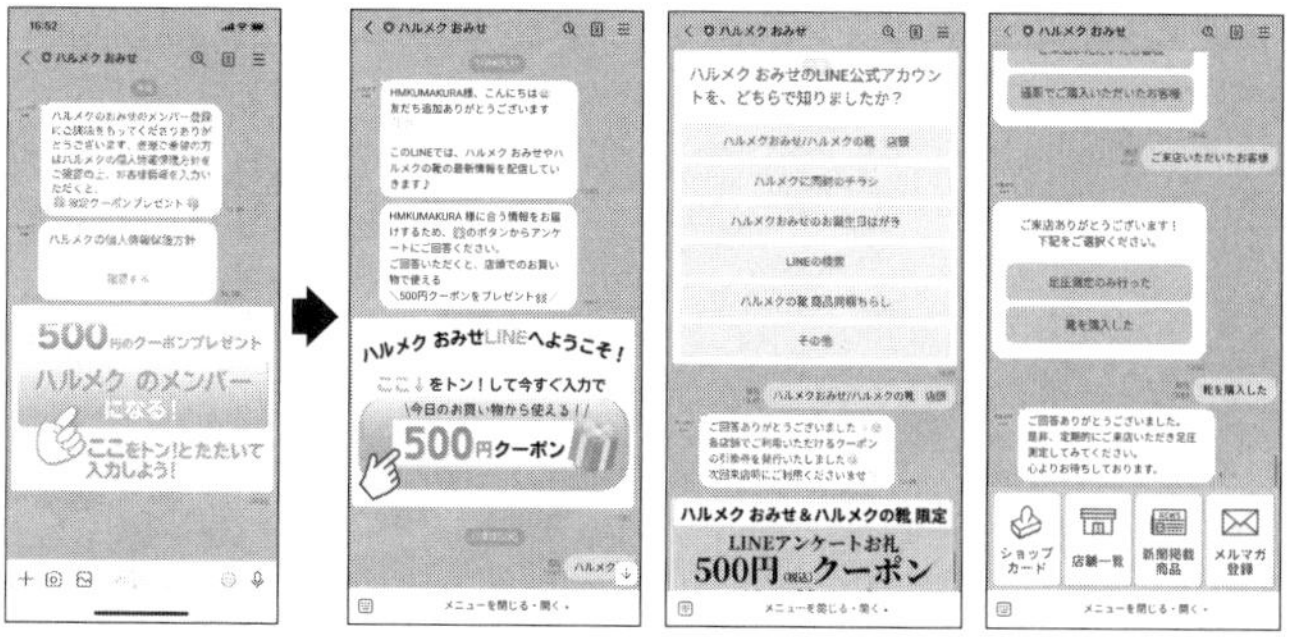

トーク画面でチャットボットとやり取りしてアンケートに回答する方式に切り替えた

ではの使いにくさを感じるポイントがある。

ハルメク・エイジマーケティングでは、ユーザーテストによってその具体的な課題を見いだし、一つひとつの問題の芽を潰す改善を地道に行った。こうした既存のサービスをシニアフレンドリーに書き換えていく作業が、高齢者マーケティングではどうしても必要だ。結果、ハルメク おみせのLINE公式アカウントは、高齢者向きのサービスに衣替えし、コンバージョン率は大幅にアップした。

LINEで葬儀事業をアップグレード
高齢者に最適なUXを追求

東上セレモサービス

ハルメク・エイジマーケティングでは、これまで培ってきた高齢者向けのLINE公式アカウント運用のノウハウを、実際のＢｔｏＢ支援に生かしている。その支援先の一つが、葬儀事業を展開する東上セレモサービス（埼玉・新座）だ。埼玉県を中心に地域密着型で10カ所の斎場を運営し、約13・8万人の喪主が同社で葬儀を行った実績を持つ。

特徴的なのが、高齢者が生前に掛け金を積み立てることで、自分の葬儀の際に式場を大幅な割引料金で利用できたり、同社のレストランで割安に食事ができたりするなどの特典が付く互助会事業を行っていることだ。互助会会員は70代以降が3分の2に上り、まさに高齢者マーケティングが必要な事業となっている。

互助会事業で大きな課題となるのが、掛け金の積み立てを始めたものの、メリットを感じることができず、途中で離脱してしまう会員が少なからず存在することだ。その防止策の一つとして、同社では近年、LINE公式アカウントの運用を開始した。

「だが、友だち登録もLINEを活用した施策も促進されなかったのが実情。イベントで促し、せっかく登録してくれたユーザーも、その後、ブロックされてしまうことが多かった。シニアが対象のビジネスでLINE公式アカウントを運用することは無理なのか。そんな疑念もある中、テコ入れのためにハルメク・エイジマーケティングに支援の依頼が舞い込んだ」と、熊倉氏は話す。

そこで、ハルメク側で設計したのが、高齢者でも簡単に登録ができるUX（ユーザーエクスペリエンス）だ。前述のハルメク おみせでの知見を生かし、友だち登録時のフォームは入力項目を少なくして、入力欄は拡大。タップによって選択できる項目も増やし、負荷

LINE案内チラシ（紙:A3サイズ）

高齢者に分かりやすい形で解説したA3サイズのチラシ

登録フォーム

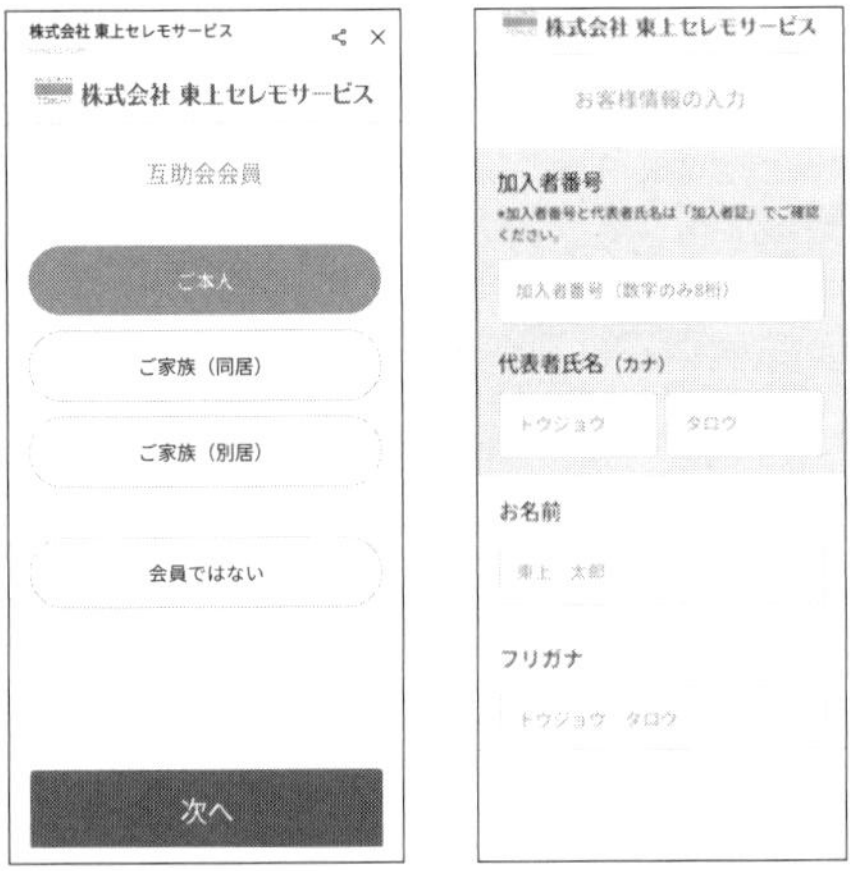

を大幅に減らした。さらに、LINE公式アカウントを友だち登録するためのステップを、高齢者でも分かりやすく解説したA3サイズのチラシも用意した。

「LINE施策に限らず、2次元コードだけを用意して、登録を促す会社やサービスは多い。しかし、それでは高齢者向けとしては不十分。必須となるのが、登録する手順の丁寧な説明を提供し、途中で戸惑ったり、困惑したりするリスクを低減すること。このチラシがあるかないかで友だちの登録率は大きく変わる」（熊倉氏）

情報出し分け、デジタル会員証でブロック封じ

情報の出し分けにも力を入れた。同社の互助会事業では、掛け金を積み立て、「互助会会員」となっている高齢者本人の他、その高齢者の子供などによる「家族会員」がいる。加えて、まだ会員になっていないが、イベントなどで登録した「非会員」も存在する。そうした3つの会員ステータスに応じてリッチメニューの出し分けを行い、情報提供の最適化を図った。

さらに、ユーザーにとっては自宅近くにあるホールからのセミナーやイベントの情報が

会員ステータス別のリッチメニュー

会員ステータスにより、LINEのリッチメニューを分けた。上から順に、「互助会会員用」「家族会員用」「非会員用」

メッセージ配信

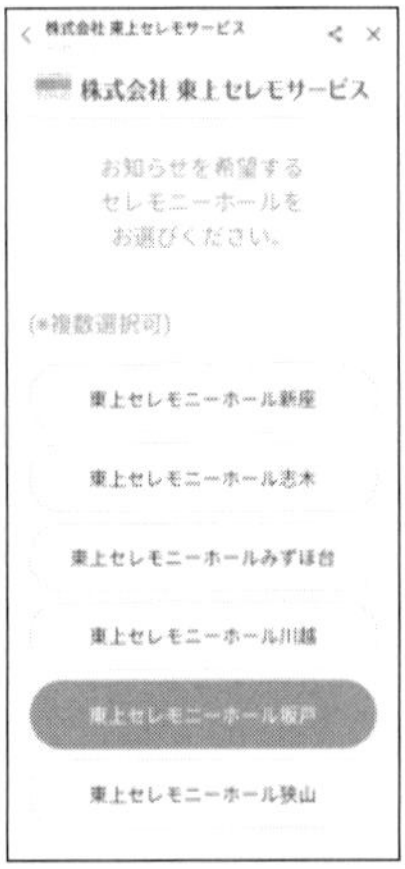

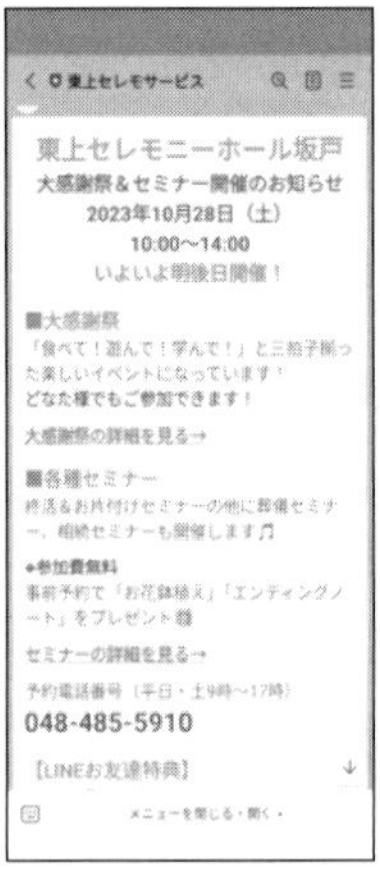

登録時の希望エリアに応じて、メッセージを配信し分ける

有用だ。そこで、登録時に情報を知りたいホールをタップで選択させ、希望エリアに応じたお知らせを配信できる機能も実装した。

実際、リニューアル後は半年で友だち数が倍増し、ブロック率も大幅に低下した。登録者の年齢分布では、70代以上が30％超となったことも注目すべき点だ。登録手順を示したチラシや、情報の出し分け、デジタル会員証などの利点を提供するなど、**ユーザーの特性に合わせた施策を丁寧に講じることで、シニアに対してもLINEマーケティングが活用できる**ことを実証した。

そして、LINE公式アカウントから有用な情報が届き、デジタル会員証の利用で便利に割引が受けられることに有益性を実感し、離脱率の低減にも一定の効果が期待できるわけだ。

さらに、ハルメク・エイジマーケティングでは、ワタミグループが展開する高齢者世帯に弁当を宅配する宅食事業でも、LINE公式アカウントを使ったマーケティング施策の導入を支援している。次はその「ワタミの宅食」の実例を見ていこう。

高齢者を〝先生〟にして登録者5600人超 会員を2種類にする理由

ワタミ「ワタミの宅食」

「ミライザカ」「三代目鳥メロ」「焼肉の和民」など外食事業が目立って見えるワタミだが、実は売り上げの半分以上を占め、今や稼ぎ頭となっているのが、各家庭に冷蔵や冷凍の弁当を届ける宅配弁当事業「ワタミの宅食」だ。利用者は平均年齢75歳、中心年齢80歳強、65歳以上が８割を占める。つまり、高齢者の中でも上の世代である「後期高齢者」によってビジネスが成り立っている。２０２３年11月、そのワタミの宅食がLINE公式アカウントを開始した。その狙いは何か。

宅食業界トップだが、安泰ではない理由

ワタミの宅食は１日当たり冷蔵の弁当（総菜含む）を約23万食、冷凍の弁当（同）を約１万５０００食宅配する、宅食市場で13年連続売り上げシェアトップのサービスだ。週１～７回の間で宅配日数を自由に選べ、主に高齢者の夫婦世帯、単独世帯で利用が進む。特徴的なのは、「まごころスタッフ」と呼ばれる、これも比較的高齢な女性を中心とした約７０００人の配達員が、全国各地にある営業所から弁当を各家庭に手渡しで届けることだ。こうした類いまれな配達網もこの事業の強みとなっている。

だが、同社も安泰ではない。課題は新規顧客数の伸び悩みだ。毎年14万～15万人が新たに利用を始めるが、その数は頭打ちになっている。新規顧客を獲得できているならいいのではないかと思うが、そうはいかない。新たに始める人がいる一方で、利用をやめる人も年間10万人ほどいるからだ。差し引き、４万～５万人の純増と思いきや、それほど単純な話でもない。人によって週の利用回数が異なるため、利用者増イコール弁当数増、売り上

げ増とはならないのだ。実際、宅配する総食数はほぼ横ばいだ。

それでも、シェア1位を確保できているなら十分と思うかもしれないが、それも早計だ。なぜなら、宅食市場が毎年拡大し続けているからだ。「当社はテレビCMもウェブ広告も他社に比べて圧倒的に打っている。それなのに、市場規模が大きくなる中で新規顧客が増えないのは、同業他社に顧客を取られているということ。当社のやり方に何か問題があることが考えられ、新規獲得マーケティングの改善は今後のテーマ」と、宅食事業を統括する同社調理済み・ライフケア事業本部長の森園啓司氏は打ち明ける。

新規顧客の獲得に加え、もう一つの課題が、いかに利用をやめる人を減らし、継続率を高めていくかだ。初回注文週のうち1日分を無料で提供するなどのキャンペーン効果もあり、とりあえず始めてみる人は多い。しかし、「味が合わない」「飽きた」といって早期に離反してしまうケースも少なくない。逆に何年も長期にわたり利用し続けている人は簡単には離反しない。つまり、早期離脱を食い止め、ロイヤルティーの高い顧客になってもらうことがビジネスの肝となる。

高齢者攻略はLINEで突破

顧客のロイヤルティー化の施策として目を付けたのが、LINE公式アカウントの活用だ。ワタミでは外食事業で以前からLINE公式アカウントを活用しており、一定の成果を収めていた。さらに、最近では30～40代向けに展開しているミールキット宅配事業で、LINE公式アカウントの運用を始め、非登録者に比べて登録者はチャーンレート（顧客離脱率）が15％も改善するという結果を得ていた。

「弁当の宅食は早期離脱があるといっても、継続率はミールキットに比べて圧倒的に高い。だが、現状、新規顧客が伸びない中、少しでも離脱を減らし、宅配する総食数を増やすのが当面可能な戦略。LINEは高齢者でも利用が多く、LINE公式アカウントを活用したデジタル施策が突破口になると考えた」（森園氏）。LINE公式アカウントによって高齢者と一定の距離感と頻度でコミュニケーションを図り、離脱を防止する作戦だ。

そこで支援を依頼したのが、ハルメク・エイジマーケティング（以下、ハルメク）だ。ハルメクでは、以前からワタミの宅食の顧客向け会報誌の作成を代行しており、その延長線上でLINE公式アカウントの開設・運用支援を行うことになった。

ハルメクが設計したのが、高齢者でも簡単に操作できる登録フローだ。「ハルメク おみせ」「東上セレモサービス」の事例でも述べた通り、高齢者は文字入力が苦手だ。だが、前述の両者のケースと異なる点は、想定される登録者が〝後期〟高齢者であることだ。デジタル上での登録のハードルはさらに高くなるため、より簡単な登録方式が必要となる。

まず、ハルメクでは知見を生かし、メッセージ配信や分析に利用するのに必要な入力項目を最低限にとどめた。画面では氏名やふりがなの入力すら省いている。表示されるのは、性別、年代や誕生月をタップさせたり、あるいは宅食の利用経験などを青色の「はい」赤色の「いいえ」といった2択のボタンで選ばせたりする、実に分かりやすい導線だ。利用者は基本的にボタンを「押す」だけで登録を進められる。

既存の改善例と同様、高齢者でも答えやすいように、トークのやり取りで回答していくチャットボット形式を実装したこともポイントだ。ボタンを押せば、年代であれば「70代」、宅食の利用経験であれば「はい」などと表示され、さも高齢者自身が口頭で答えているような感覚で登録を行える。こうして、登録の大半がトーク風のタップ操作で完了し、入力が必要なのは最後に要求されるお客様コードと電話番号の「数字」だけだ。この方法であれば、途中で嫌気が差して離脱することなく、最後まで入力してくれる可能性が高まる。

リテラシーが低い高齢者も取り込む

さらに、東上セレモサービスでも行ったように、操作手順を示したチラシも用意した。だが、問題はチラシを手渡すだけでは不十分な場合もあることだ。いかに分かりやすく手順を示しても、スマホに不慣れな高齢者は操作に時間がかかったり、思わぬところでつまずき、先に進めなくなったりすることがよくある。特に後期高齢者はその点が懸念される。

営業員向けの説明動画を作成

マニュアル&FAQも用意

最後まで入力してもらうためには、誰かのフォローが不可欠だ。ただし、利用者は高齢の夫婦のみや単身の世帯が多く、子供や孫のサポートは期待できない。第4章で紹介した8つのペルソナのうち、スマホは持っているが、子供や孫と同居していない「世代間デジタル」が該当する。

そこで、助言者としての役割を任せたのが、ほかでもない高齢者宅に弁当を届けるまごころスタッフだ。ただし、課題はある。まごころスタッフも60代、70代のため、デジタルリテラシーが決して高いとは言えず、うまく説明できない可能性が高い。そのため、ハルメクは説明の仕方をレクチャーした動画やマニュアル、ＦＡＱ（よくある質問集）を作成した。それをまごころスタッフに視聴、熟読してもらい、入念にロールプレーも行うことで、各スタッフを説明上手に仕立て上げたのだ。

宅食の利用者も、相手がいつも弁当を届けてくれる**顔なじみのスタッフで、自分より少し若いながら同じ高齢者であれば、遠慮せず質問もしやすい**。教わる相手としては適任といえる。結果、教え方の手ほどきを受けたスタッフによってコンバージョンは高まり、開始から1カ月もたたないうちに、LINE公式アカウントの登録者数は２５００人を超えた。24年5月現在では５６００人を突破している。

そして、ワタミの宅食のLINE公式アカウント施策で最大のポイントが、ワタミ側からトーク画面に届くメッセージを見たり、読んだりするだけの「簡単会員」と、トーク画面上でウェブ注文まで可能な「通常会員」の2種類に分けて登録を行ったことだ。

ウェブ注文をできるようにするには、ワタミの宅食のウェブサイトでネット会員として登録しなければならない。だが、それはクレジットカードなどデジタル上で支払う手段の登録が必要だ。入力項目も多い。そこまで求めると、後期高齢者の多くがLINE公式アカウントの利用を断念せざるを得なくなる。そこで、ウェブ注文ができなくても登録できる簡単会員の道を残した。

通常会員の場合、LINEのトーク画面上にリッチメニューでウェブ注文ボタンが表示され、簡単会員はそれが非表示になる設計だ。簡単会員は、例えばおすすめの弁当のメッセージが届き、それが欲しければ電話やスタッフに口頭で注文する流れだ。

「登録できた」だけでブランドイメージ向上

登録者に求める条件は、基本的に同じにするのが一般的である。しかし、ワタミの宅食では、比較的デジタルリテラシーが高い高齢者だけでなく、低い人も排除せずに取り込んだ。高齢者の実情に合わせ、間口を広くしてきめ細かく対応することにしたのだ。

その理由は3つある。1つは条件にこだわれば、ふるいにかけられてこぼれ落ちてしまう高齢者が多くなり、デジタル施策で多くの高齢者とコミュニケーションを図るという当初の目的の達成がおぼつかなくなるからだ。もう1つが、簡単会員として一旦登録しておけば、その後デジタルに興味を持ち、リテラシーが向上してウェブ注文ができる通常会員にアップグレードする道も開ける可能性があるから。そうなれば、継続的に購入してもらいやすくなり、LTV（顧客生涯価値）が伸びることは言うまでもない。

加えて重要なのが、デジタルリテラシーが低い高齢者でも「登録できた」という達成感を享受できることだ。日ごろできないことがたくさんあり、〝スマホは苦手〟と引け目を感じている高齢者にとって、「できた」という事実は大きく、自信にもなる。そんな達成感や自信を与えてくれたワタミの宅食に対するイメージは、当然のことながら良くなる。

逆に、複雑な条件によって登録できなければ、「せっかくやろうと思ったのに」と落胆し、ネガティブな印象を抱き、ブランドの毀損につながりかねない。同社のように、通常会員に加え、ハードルの低い簡単会員を設定することは、高齢者マーケティングならではの有効なデジタル施策と言える。

LINEメッセージでシニアのニーズをつくる

今回のLINE公式アカウントで会員として登録するには、最低限として、お客様番号と電話番号の入力を要求した。お客様番号とは、宅食サービスを利用するすべてのユーザー

会員の状況により、メッセージを送り分ける

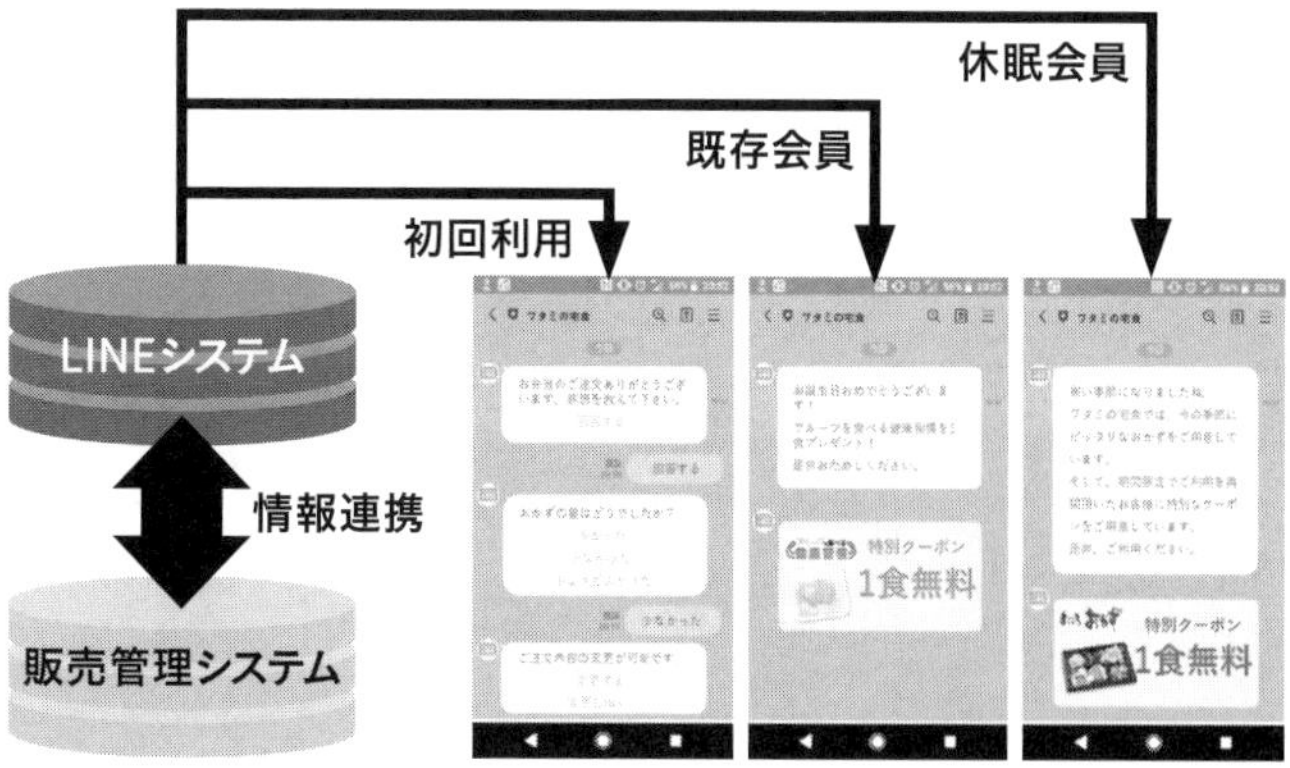

販売管理システムと連携し、宅食の利用状況に応じてLINEのメッセージを送り分ける

に割り振られる番号ことだ。前述のチラシにそれぞれのお客様番号が記載されており、それをスマホの数字ボタンで入力する形をとる。この入力の持つ意味は大きい。LINE公式アカウントと販売管理システムは連携しており、これらの番号によって、個々の登録者がいつ、何を注文してきたかの履歴が紐づけられるからだ。

　これによって、例えば初めて利用する人には「おかずの量はどうだったか」と聞いて、問題があれば注文内容の変更を促せる。既存顧客には、誕生日が近づいてきたら「1食無料」の誕生日クーポンを提供する、といったことが可能になる。一方、一定の期間中止している〝休眠状態〟の顧客には、1食無料のクーポンを届けることで、再び定期的な注文へと復活させるきっかけづくりができる。こうして、販売管理システムとの連携により、宅食の利用状況に応じたLINEメッセージを配信するわけだ。

より高度な施策も可能になる。例えば、ボリュームが多い弁当を注文している顧客には、肉を使ったカロリーが高めのおかずをおすすめしたり、食欲旺盛であると分析して新メニューや季節ごとの特別弁当の注文を促したりするメッセージを優先して表示する。逆にいつも量が少なめの食が細い顧客には、健康に配慮した弁当や、素材を軟らかく仕上げた和食の弁当をレコメンドする。こうしたメッセージの出し分けによって、パーソナライズされた情報を届けることができる。

「当社がやりたいのは、そうしたピンポイントの提案によって、『新メニューを頼んでみようか』『健康弁当を注文してみよう』といった〝顧客のニーズをつくる〟こと。そうやって

先回りしてニーズに応えてこそ、課題となっていた早期離脱防止や継続率アップを実現することができる」（森園氏）

長年高齢者を対象にビジネスを行ってきたワタミの宅食。だが、森園氏は、こうも正直に話す。

「これまで、『お客様は誰か』と聞かれたとき、『65歳以上の高齢者』と何の疑問もなくひとくくりで答えていた。けれども、実際、高齢者は一人ひとり全然違う。その違いを少しでもつかんで商売をしなければ、今後は生き残っていけない。LINE公式アカウントを、そうした地に足の着いたマーケティングを行う一歩としたい」

LINE公式アカウントがどれだけの成果をたたき出すかは未知数だ。しかし、メッセージやクーポンの出し分けは確かに効果がありそうだ。同社では、登録者数が1万人を超えたら、高齢者の本格的なパーソナライズマーケティングを始動する計画だ。

趣味が媒介するシニアＳＮＳ人同士をつなげる巧妙な手法

オースタンス「趣味人倶楽部」

50～70代が趣味を通じてつながるシニアＳＮＳとして知られているのが「趣味人倶楽部（しゅみーとくらぶ）」だ。２００７年にＤｅＮＡが立ち上げ、19年の事業譲渡により、シニアＤＸ（デジタルトランスフォーメーション）を推進するオースタンス（東京・渋谷）が運営を引き継いだ。登録会員数約36万人、月間３０００万ＰＶ（ページビュー）、１１５万ＵＵ（ユニークユーザー）を誇り、中高年・シニア世代のＳＮＳとしては国内最大級である。

実は、運営会社のオースタンスにとってＢｔｏＣ（消費者向け）事業の趣味人倶楽部は表の顔に過ぎない。本丸は、そのＳＮＳで蓄積されたデータやノウハウを活用し、大手企業のシニアビジネスを支援するＢｔｏＢ（企業向け）事業にある。オースタンスが繰り広げるシニアマーケティングの神髄に迫っていこう。

デジタルで知り合い、リアルで交流

趣味人倶楽部は、現在、日本で最も活性化しているシニアコミュニティーサービスの一つだ。会員は、一般的なブログやＳＮＳのように日記や写真を投稿したり、自ら趣味のコミュニティーを立ち上げて管理人となり、まるで大学サークルのように仲間を募り、運営したりできる。いわば、シニア対象のＳＮＳとサークル活動の合わせ技のようなサービスとなっている。

日記や写真、あるいはコミュニティーの投稿に対し、他の会員がコメントし、「いいね」に当たる「拍手」というボタンを押して、盛り上げることも可能だ。会員同士で相互フォ

趣味人倶楽部は2000以上のコミュニティーが魅力

ローすることで、ダイレクトにメッセージもやり取りできる。すなわち、通常のSNSにある機能はそろっている。異なるのが、投稿やコメントなどの活動を行うのが主にシニア層であり、若者がいないため、高齢者でも気兼ねなく参加できる点だ。

趣味人倶楽部の最大の価値となっているのが、デジタルのコミュニティーに参加した後、会員同士がリアルの場で会って趣味を楽しむ、深い交流が可能なことだ。例えば、「カラオケ」でコミュニティーを検索してみると、積極的に活動している幾多のサークルが一覧となって示される。参加人数が２０００人以上の巨大サークルから、数百人、数十人レベルまで千差万別だ。

それぞれ、リアルで集まってカラオケを開催する日時と場所が提示され、参加者を募っている。カラオケ以外にも、ランチ会、街歩き、ハイキングなど様々なサークルが形成され、その数は２０００以上にも上り、会員同士が対面して活動するイベントは月間平均２００回以上にも及ぶ。デジタルで知り合い、リアルで交流する。それを当たり前として日々楽しむシニアが、趣味人倶楽部ではあふれるほど存在する。

おせっかい高齢者を味方に付ける

こうしたシニアコミュニティーはどう運営するかが肝だ。その点を、オースタンス社長の菊川諒人氏はこう話す。

「シニアの世界でも、自らコミュニティーをつくって、会員に対して何かと世話を焼きながら、自分たちのグループを守ろう、発展させようと意気込みがある人はいる。そんなおせっかいで〝ギブ〟の精神がある人たちをうまく動かすことが重要」

その工夫の一つとして行っているのが、コミュニティーの管理人に対し、同社がしっかりと向き合い、企画や機能に関して支援することだ。対象とする管理人は、投稿回数やその内容を判断基準に選抜してリスト化している。それらの管理人とは実際に会って、どうすればコミュニティーをうまく運営できるのかを話し合ったり、企業を巻き込んだコミュニティーの企画の立案、さらにはより使いやすく機能を改善したりすることにつなげている。そうやって、いわばサークル活動の中心になって〝この指とまれ〟を行うリーダーを運営側が支え、活性化につなげている。

会員任せのほったらかしでは、コミュニティーを回すのには不十分。歯車を回転させるには〝軸〟となるシニアの育成が必須だ。そんな支援を受けるリーダー数は約1万人にも及ぶ。

もう一つ、特徴的なのが、初参加したシニアの投稿のハードルを下げ、アクティブユーザーへと誘う取り組みだ。登録後、検索して自分と同じ趣味の人を見つけることが最初の入り口となる。気に入れば「拍手」を押したり、フォローしたりする。ただ、運営側としては、さらにコメントなどをしてより深く関わってほしい。だが、初心者のシニアはコメントとなると躊躇しがちだ。

そこで、趣味人倶楽部では、心理的な壁を取り払う様々な仕組みを盛り込む。例えば、初心者が趣味のサークルを訪れると〝痕跡〟が残り、サークルの管理人などがその初心者のマイページの伝言板に「見に来てくれてありがとう」といったメッセージを残せる。管理人などへは、運営側からの助言として「初めて訪れた人には様々なフォローをお願いします」と事前に伝えてある。初心者はそれに対し、返信することで初めてのコメントをクリアできる流れだ。

その他、36万人の全会員が見られる「【趣味人公式】あいさつ広場」という、入会したばかりのユーザーが自己紹介を行うページが設けられている。書き方のテンプレートもあり、初心者でも投稿しやすい設計だ。投稿すると、全会員にお知らせとしてその情報が伝達され、大勢から「拍手」やコメントをもらえる。そこからやり取りが始まり、「自分でもＳＮＳができた」という成功体験が味わえる。それが以後の積極的なコメントや投稿に向けた一歩となるわけだ。

誰でも簡単にコメントできるコミュニティーも立ち上がっている。一例が、デジタル上のコメントでしりとりや言葉遊びを行うサークルだ。例えば、「三字熟語で読みが４文字限定のしりとり」などとお題が出される。「叔父様（おじさま）」↓「円屋根（まるやね）」↓「涅槃会（ねはんえ）」↓「江戸川（えどがわ）」↓「和箪笥（わだんす）」……と、多数がリレー方式で次々とコメントでつないでいくルールだ。

このしりとり・言葉遊びサークルには２０００人以上が参加している。これなら、気軽にコメントする楽しみを享受でき、ＳＮＳの作法に慣れていきながら、次第にデジタル上での活動が板についてくる。

趣味人倶楽部では、こうしてリーダーの支援と初心者への手ほどきという上層と下層をしっかりケアし、コミュニティーが発展していく土台をつくり、会員数の増加と活性化という好循環を生み出している。

成功の鍵は「趣味」「匿名」「貢献感謝欲求」

こうしたシニア向けのデジタルコミュニティーサービスは他にもある。その中で、趣味人倶楽部ががぜん注目され、利用者が後を絶たないのには、ＳＮＳを盛り上げる施策以外にも理由がある。

まず、秀逸なのは、サービス名にも示している通り、コミュニティー全体のテーマを「趣味」としたことだ。引退後も含めて、**シニアになって自分が好きなこと、趣味を中心に余生を送りたいというニーズは大きい。一緒に興じる仲間も欲しい。**

「ただ、仕事で知り合った人と行うと、現役時代の肩書や得意先だったなどの上下関係が影響して窮屈。かといって、近所で探そうものなら、途端に噂になり、これも居心地が悪い。そうしたあらゆるしがらみから解放されるのが、趣味人倶楽部」と、菊川氏は言う。

ここでは、肩書も近所付き合いもない。あるのは、共通の趣味を純粋に楽しむ大人の関係だけだ。**今までの自分をリセットして、趣味を基軸に新たな人間関係を築ける魅力に、多くのシニアが引き寄せられる。**

その延長線上で、シニアたちにとってありがたい決まりもある。ユーザー名について、ニックネームなどを用いた〝匿名性〟が原則であることだ。匿名となると得体が知れず、不透明な要素が強くなり、シニアは敬遠するのではないかと思うかもしれないが、それは逆だ。匿名であれば、仕事や近所のしがらみから切り離されるため、かえって好都合なのだ。これも純粋に趣味を楽しめる安心材料になっている。

そして、重要なのが、**シニア特有の〝貢献感謝欲求〟を満たせること**だ。「シニアになって、子育てが終わり、定年退職もしたとなると、家族や同僚から感謝されることが極端に減る。そうした中、地域活動などを行えば、社会やコミュニティーに貢献でき、その見返りとして感謝される機会が多くなる。特にリタイアしてぽっかり時間が空いた男性がボランティアに傾倒するのは、貢献して感謝されたいというインセンティブが働くため」（菊川氏）

その点、趣味人倶楽部でサークルを運営する管理人になれば、無償で活動しながら趣味を同じくする仲間からの感謝を日々享受できる。こうしたシニアの心の奥底に潜む欲求を満たしていることも、同社のコミュニティー事業を後押しする原動力となっている。第4章でも、こうした活動に注力する「ボランティアおじ」をシニアの代表的なペルソナとして挙げた。まさに、ボランティアおじに位置付けられる高齢者が趣味人倶楽部の利用者と重なる。

月数万人のコミュニティー構築
「好き」をテーマに会員との関係を強化

サントリーウエルネス

前節の冒頭でも述べたが、ＢｔｏＣ事業の趣味人倶楽部は、オースタンスが展開する事業の一部に過ぎない。むしろ、メインビジネスとなっているのが、シニア事業を展開する大手企業を支援するＢｔｏＢ事業だ。

それは、趣味人倶楽部上で、会員向けに商品のプロモーションを行ったり、オンラインイベントを実施したりするだけではない。36万人の投稿から得られるデータやインサイトに加え、会員に随時行っているデプスインタビューによって蓄積されるシニアの本音や行動などの知見を総動員。各プロジェクトで必要となるさらなるデプスインタビューも実施して、依頼企業のニーズにマッチしたマーケティング支援や事業開発支援、コンサルティングを展開している。支援先企業には、日本ロレアル、ＮＴＴドコモ、味の素、サッポロビール、ＪＲ東日本など、名だたる大企業が並ぶ。

では、同社が行ったＢｔｏＢ支援の代表的な例を見てみよう。その一つは、主にシニア向けに健康食品やサプリメントを販売するサントリーウエルネスへのマーケティング支援だ。対象商品は、１９９３年の発売以来、ロングセラーとなっている主力サプリメント「セサミン」シリーズである。セサミンは、通販を通じた定期契約者への販売が基本で、そうした既存契約者の継続率を高め、解約防止する施策として行った。

２０２０年、サントリーウエルネスは新規顧客獲得注力型から、ＣＲＭ（顧客関係管理）の強化によるＬＴＶ（顧客生涯価値）重視型に戦略を切り替えている。同施策もその一環という位置付けだ。

Good Aging Schoolでは様々なオンラインレッスンが展開された（出所／オースタンス）

そうした中、オースタンスでは、新ＣＲＭサービスのコンサルティング及び受託開発を行った。それが、21年9月から23年12月まで展開した、セサミン会員限定コミュニティーサービス「Good Aging School（グッドエイジングスクール）」だ。

個々の「好き」をテーマに、新しい「こと」と人、人と人とをつなげるコミュニティーとして運営され、ヨガやピラティス、筋トレなど、多種多様なオンラインレッスンを提供。月に１００回以上のレッスンを展開し、毎回３００人まで参加可能で、利用者は月間数万人規模にまで達した。

先生と生徒の交流は一往復のみ

このスクールでは、セサミン会員が好きなレッスンを無料で受講でき、加えてコミュニティーサービスとして、「人と人」がコミュニケーションできる要素も実装した。自分の「好き」を通してコミュニティーに参加できる。それは、オースタンスが運営している趣味人倶楽部と同じ構造だ。コミュニティーでつながりができれば、その関係性を維持したいと考え、解約せずにLTVが長くなるという計算も成り立つ。

しかし、こうした企業のコミュニティーサービスで問題となるのが、「誰と誰」が交流できるように設計するかだ。

すぐに思い浮かぶのが、受講する生徒同士の交流だ。だが、生徒（ユーザー）同士の自由な交流を許すと、場のコントロールが難しくなり、リスクを排除できなくなる。

一方、事前に行ったデプスインタビューの結果、セサミン会員はそうしたコミュニティーを望んでいないという実態も浮かび上がった。実は、会員は既に自分たちで趣味などのコミュニティーを持っており、元気や健康を保持し、その活動を続けるためにセサミンを摂取している。非常にアクティブな高齢者であり、第4章で分類したペルソナの中では、優良消費者である「引退人生謳歌おじ」「生涯アクティブウーマン」が該当する。

そこで、オースタンスで設計したのが、「先生と生徒」が交流できる仕組みだ。Good Aging Schoolでは、セサミン会員が自分の「好き」を探索して受講するパターンもあり、新たに挑戦するレッスンについては知らないことが多い。そのため、講師を務める先生に質問するなど交流したいニーズは確かにある。

ただし、やり取りは生徒が質問などをして、それに先生が答える〝一往復のみ〟と制限を付けた。これが大きなポイントだ。

「もし、何度もやり取りできるようにすると、先生に負荷がかかりコストが見合わない。コミュニケーションも煩雑になり、『あの生徒には何度も返信しているのに私にはない』といった嫉妬を生む原因にもなる。企業のコミュニティーで重要なのがサービスの平均化であり、一往復の交流で、リスク回避と満足度の向上を実現させた」（菊川氏）

もちろん、すべての企業のコミュニティーサービスに、サントリーウエルネスのやり方が当てはまるわけではない。しかし、デプスインタビューなどの事前調査で対象となるユーザーの状況をしっかり把握し、需要を見極め、管理できる最適な形で提供するプロセスが必要なことは、どのケースでも同じだろう。言うまでもなく、シニアにおいても、そうした緻密なマーケティングは不可欠なのだ。

Z世代が高齢者の困り事を解決 サービス好調の理由とは？

AgeWellJapan「もっとメイト」

自宅での料理や掃除、買い物など、家事代行サービスを利用する単身の高齢者は多い。通信キャリアが各店舗で実施するスマホ教室に参加する高齢者も少なくないだろう。AgeWellJapan（エイジウェルジャパン、東京・渋谷）が展開する「もっとメイト」も、高齢者の自宅を訪問して、そうした様々な困り事、要望を解決するサービスだ。

同社は、自治体や金融機関と連携してスマホ教室も開催している。だが、同業他社と大きく異なる点がある。それは、**訪問したり、スマホ教室の講師を務めたりしているのが、大学生やZ世代を中心とする若者であること**だ。サービスの特徴を詳しく見ていこう。

高齢者宅にあえて若者を派遣

「もっとメイト」は、AgeWellJapan代表の赤木円香氏が自身の祖母から「ごめんなさい、少し長く生きすぎてしまったかしら」という胸が痛む声を聞いたことをきっかけに始めた高齢者支援サービスだ。家族の代わりにスタッフが自宅を訪問し、高齢者の困り事、やりたいことの手伝いをする。

よく依頼されることの一つがスマホ操作に関するレクチャーだ。「通信キャリアにガラケーからの乗り換えを促され、スマホを持つ高齢者は増えている。だが、使い方がよく分からない。電車に乗って横を見れば、若者は使いこなしている。自分も同じように楽しみたいが、それができないのがもどかしい。そんな思いを秘めた人は多く、高齢者の関心事のトップは、スマホの使い方といっても過言ではない」と赤木氏は言う。

もちろん、それ以外のニーズもある。デジタル関連ではＰＣや周辺機器設定のサポート、

「もっとメイト」は、若者を高齢者宅に派遣するサービスが人気を博している

イベントや会合のオンライン予約の代行も多い。また、重い商品のネット注文や近所のスーパーでの買い物、通院の付き添いの依頼もある。一人暮らしの寂しさから、話し相手になってほしいというオーダーも少なくない。そうした様々な依頼や要望に対して、１回２時間を基本単位とし、訪問したスタッフが臨機応変に対応する。料金は月２回の訪問で２万円などいくつかのコースがある。

　最大の特徴が、訪問するスタッフが主にＺ世代の若者だということだ。スタッフの中には大学生も多い。高齢者にとっては、スマホやパソコンの技術に詳しければ、ある程度年齢を重ねた40代、50代のスタッフのほうが、安心感があってマッチするのではないかと思う。しかし、同社ではあえて若者を高齢者宅に派遣し、これが人気を博して、リピーターが引きも切らない状況となっている。

高齢者と若者、実は相思相愛

なぜ高齢者サービスに若者なのか。赤木氏は経緯をこう話す。

「若者を中心にしたのは実は偶然。サービスのスタート当初は、主婦や、私のような30代前後の世代も派遣して試してみた。さらに、コロナ禍では、航空機が飛ばずに仕事に困っていたキャビンアテンダントを起用したこともあった。だが、どれもあまりしっくりいかず、高齢者の懐に入って、最も受けが良かったのが大学生などの若者だった。そこで、若者を派遣するサービスとしての軸が決まった」

高齢者にとって若者と触れる機会は貴重だ。その珍しさで他のサービスより注目され、利用が進んだ側面はある。逆に若者にとっては、デジタルネイティブであり、高齢者が最も困っているスマホを教えるのは朝飯前で、適任だ。しかし、それ以外にも、**若者と高齢者のマッチングが良い理由がある。**

その一つが、現在の若者は家族との仲が良好であることだ。これは、第4章でも言及した通り、団塊の世代と団塊ジュニア世代の母娘による「友達親子」から生まれた傾向だ。それが今では母娘にとどまらず、あらゆる家族関係に波及している。特に、孫と高齢の祖父母の関係は良く、どのペルソナも基本的にはプレゼントをあげるなど、孫を大事にする。孫は子供の時から祖父母に大切に扱われ、高齢者に対する印象も良くなっている。

さらに世代をさかのぼれば、高齢者は「今どきの若者は」と素行をとがめるイメージがあり、かつての子供や若者にとっては近寄り難かった。それが、現在では両者は急激に接近し、若者たちにとって高齢者は決して怖くなく、むしろ好ましい存在となっている。だからこそ、臆せず、懐に飛び込んでいける。

対する当の高齢者にとっても、孫は目に入れても痛くない存在だ。子供世代は多忙で、何かを頼むと面倒くさがるため言いにくい。その点、孫は優しく丁寧に対応してくれる。そんなこともあり、**自分がかわいがってきた孫と同じ世代の若者に対しては、好感度が高くなっている。**

さらに、老いていく高齢者にとって、無限の可能性を秘めた若者はまぶしく、刺激的で、普段接することがない彼ら、彼女らと話してみたいという欲求もある。そうした〝相思相愛〟の側面もあり、今どきの若者と高齢者は世代間マッチングとしては実に相性が良い。両者を絡めたビジネスは意外にもギャップがなく、なじみやすいのだ。

高学歴の学生がなぜ集まるのか

とはいえ、もちろん若者の中にも高齢者に対する適性の可否はある。そこで、同社が重視しているのが採用時の面接だ。「家族仲は良さそうか」「コミュニケーション力は高いか」「相手をリスペクトするマインドは強いか」「喜ばせようという気持ちはあるか」「素直に感謝できるか」などを重点的に見て、とにかく性格が良く、ピュアな若者を雇うことに心血を注ぐ。加えて、訪問先では高齢者から要望、困り事をその場で告げられ対処しなければならないため、地頭の良さも見定める。こうした条件の厳しさもあり、応募に対する採用率はわずか約17％と狭き門だ。

その厳しい面接をクリアした後も、10時間半に及ぶ初期研修、毎月の月次研修、メンターとの1on1（ワンオンワン）の面談、その他、独自の研修とロールプレーイングによるスキルアップで徹底的に育成する。性格と頭の良い人材を厳選し、スキルを鍛え抜く。それによって若いながらも、間違いのない高水準のサービスが提供できるというわけだ。

問題は、これだけ採用条件を厳しくして、果たして人が集まるかということだ。しかし、実際には応募が絶えない状況だという。24年5月現在、スタッフ数は約50人に達し、一橋大学や慶應義塾大学といった高学歴の在校生、卒業生も確保できている。なぜ、若者たちは高齢者を相手とするサービスに引き寄せられ、仕事を続けられるのか。赤木氏は次のように分析する。

「一つは、Z世代は多様性やインクルーシブ（包摂）への関心が高く、高齢者を社会で受容する手段である『もっとメイト』のサービスに共感する若者が多いこと。また、訪問時の交流の中で、高齢者に家族や友人にも話せない相談をしたり、経験に基づいた教訓を話してもらえたりすることにも、『学びになる』とありがたみを感じている。そして、言及すべきは、自分の訪問を高齢者が待ち望み、当日、手放しで歓迎してくれること。これほど自己肯定感が上がる瞬間はない。日々、ＳＮＳからのネガティブな情報にさらされている若者にとって、何よりも心が洗われる瞬間となる。そんな高齢者の姿を次もまたその次も見たくて、それがモチベーションになっている」

若者の熱量がリピートを生む

訪問を喜ぶ高齢者に若者たちも応えようと、自然と活動の熱量も上がる。象徴的なのが、高齢者の誕生日をサプライズで祝うことだ。誰にやれと言われているわけではない。若者たちそれぞれが趣向を凝らして自主的に動く。

例えば、ある若者は、利用歴が長い高齢者に対し、スタッフ全員のお祝いのメッセージ

もっとメイトでは多くの若者が活躍している

をまとめて贈った。またある若者は、2年にわたって当該高齢者に話してもらった人生教訓を一冊の本にして贈呈した。さらに他の若者は、訪問した時に撮りためた写真をコメント付きの手づくりアルバムにしてプレゼントした。

走り出したら止まらない、若者らしい独創的なアイデアが幾重にも形になり、何でもない日常に彩りを添える。中には、突然の出来事に感動し、涙を流して感謝する独居の高齢者もいる。

月2万円の利用料を支払える財力はある。欲しい物も手にできる。だが、若者がくれるのは、決してお金では買うことができない、心づくしの贈り物だ。孫ほど年が離れた子たちが、自分のために手間暇かけて、いちずにそこまでやってくれる。それは、他の家事代行サービスでも、介護サービスでも味わえない、刺激的でキラキラした非日常だ。だからこそ、新鮮で、高齢者の心の琴線に触れる。結果、リピートにつながる好循環が生まれる。

こうして、高齢者にとっても、若者にとっても、利害関係を超えて得られるものがいくつもある。だから、需要も供給も絶え間なく続く、実にバランスが取れたビジネスとして成り立っている。

「Google検索は広辞苑」　若者流の指導が大人気

AgeWellJapanでは、1対1のサービスであるもっとメイト以外に、不特定多数に対してスマホの使い方を教える講座も開催し、こちらも人気を博している。実施は毎月25回以上に達し、1回のイベントに高齢者が15人前後参加する。主に自治体からの要請を受けて開催し、連携する自治体の数は60に及び、１度開催すると参加者に好評なことから、何度もリピートの依頼が来る。実際リピーターが多く、応募が殺到するため抽選となり、当選倍率が７倍になるといったこともざらだ。

高い支持を得られる理由は、やはり大学生を中心に若者が教えてくれるからだ。会場には、講師役となる大学生などが３～４人配置される。その様子を目の当たりにし、「今日の先生は女の子がいていいわね」「あら、イケメンがいるじゃない」と、目を細めて楽しそうにする高齢者の姿がそこかしこに見られる。孫世代と会えて話せることこそが人気の源泉だ。

もう一つの理由が「分かりやすさ」だ。スマホの操作の名称は、横文字だらけで、高齢者にはちんぷんかんぷん。そこをいかに腹落ちするように伝えるかが腕の見せ所となる。例えば、「Google検索は広辞苑、Yahoo!検索は百科事典で調べるのと一緒。どちらで調べても単語の意味はだいたい同じ」などと説明する。

他にも、「Ｗｉ－Ｆｉとモバイル通信の違いはＷｉ－Ｆｉのほうが電波は強くて使い放題」

「アップデートは、新機能追加、セキュリティー強化、不具合解消のためで、いわば〝マッチョ〟になること」といった具合だ。「厳密にいうと正しくないかもしれない。だが、**高齢者向けでは『正しさ』より『分かりやすさ』のほうが大事」**と、赤木氏は話す。

　こうした単発のスマホ教室では、冒頭に簡単な講義を行った後は、高齢者3～4人に1人の大学生が付いて、知りたい操作を個別に教えてもらえる「個人レッスン」に多くの時間を割いている。これもまた、人気の大きな理由だ。

　一般的なスマホ教室のほとんどは、「LINE講座」など、教える内容が決まっている。しかし、**高齢者が知りたいことは意外と幅広い。**当然、困り事やニーズは個々で異なる。本当はそんなパーソナルな疑問や要望をマンツーマンで丁寧に分かるように教えてほしい。同社のスマホ教室では、そうした個別対応にこそ最も力を入れている。

「例えば、先日、テレビ朝日の『徹子の部屋』に人気女優が出演していたけど見逃してしまった。スマホで何とかならないか？と言われたら、『であれば今日は動画配信サービスのTVerを使えるようになりましょう』と提案し、使い方を教える。そうやって、**家族に聞**

きづらく、他のどこでも教えてもらえない個別の問題を若者が一発で解決してくれる点が、高齢者にとっての大きな価値になっている」（赤木氏）

第4章で解説したペルソナに置き換えれば、もっとメイトや同社のスマホ教室を利用するのは、まさに「世代間デジタル」に当たる高齢者だ。今までは子供や孫とチャットをやり取りしたり、写真を送ってもらったりするのが関の山だった。だが、同社によって、その殻は少しずつ破られている。高齢者のデジタルリテラシーを向上させるには、こうした人気と実力を兼ね備えたサービスが欠かせない。

シニア世代の経営も若者が支える

こんな人気のイベントを企業が放っておくはずがない。近年では、金融機関からも声がかかり、各支店でスマホ教室を開催している。新聞の折り込みチラシで告知すると、多数の応募があり、毎回満員御礼状態だ。参加する高齢者には銀行のアプリをインストールしてもらうなど、企業側にとってはプロモーションの場にもなる。こうして同社のスマホ教室は強力な集客コンテンツにもなっている。

２０２３年12月には、もっとメイトを発展させ、新たな事業もスタートさせた。それが、シニア世代の起業や事業、会社経営に関して、慶応義塾大学の卒業生や在校生などがデジタルに関する課題を解決し、導入までサポートするサービス「もっとメイトデジタルパートナー」だ。デジタル周辺の固定業務だけでなく、メール返信やスケジュール調整といった秘書業務、請求書作成などの経理業務、店舗スタッフや設営などの運用業務と、幅広く対応する。シニアの起業家、事業家は、若者を秘書や経営課題解決の相棒、あるいは頼れるデジタルヘルプデスクとして、様々なシーンで活用できる。

このサービスによって、高齢者と若者のマッチングは、社会受容の枠を超え、社会共創へと昇華した。AgeWellJapanの世代間ビジネスは、今後も高齢者マーケティングに様々な新風を吹き込むだろう。

デジタルと紙媒体・電話を駆使 好調のシニア向け宿泊予約サービス

ゆこゆこ「ゆこゆこ」

2023年、シニアの観光目的の国内宿泊旅行消費額は、約3兆1500億円を記録した。こうした需要を捉え、シニアから高い支持を得ているのが、ゆこゆこ（東京・中央）が運営する温泉宿の宿泊予約サービス「ゆこゆこ」だ。人気の理由は、今やスマホ持ちが当たり前のシニアに対し、OTA（実店舗を持たないオンライン専用の旅行代理店）でありながら、デジタルだけでなく、アナログも巧みに駆使し、サービスを提供していることだ。

シニアのリタイア組に〝平日〟宿泊を売り込む

２０２３年5月、新型コロナウイルスの感染症法上の分類が「２類」相当から「５類」に移行し、外出を控えていたシニアの〝リベンジ〟旅行が一気に本格化した。

観光庁が毎年発表している「旅行・観光消費動向調査」によると、60代以上のシニアの宿泊を伴う観光・レクリエーション目的の国内旅行の消費額は、新型コロナウイルス禍前の19年は約３兆８００億円。だが、コロナ禍の20年は約１兆３２００億円、21年は約１兆１５００億円と激減した。22年は約２兆２７００億円まで回復したものの、19年比約７割にとどまった。それが、23年は３兆１５００億円と、19年越えを達成し、高齢者の国内旅行需要は完全に息を吹き返した。

そうした中、観光地のホテルや旅館にとっての課題は、土日祝祭日に比べて稼働率が落ちる平日の宿泊をいかにカバーするかだ。シニアのリタイア組は、個人や夫婦、あるいは友人同士で旅行をする際、混雑を避けられ、費用も比較的安く済む平日を選ぶことが多い。

好調のサービスをけん引する、ゆこゆこの徳田和嘉子社長

ここに目を付けたのが、ゆこゆこだ。同社は宿泊施設から委託された平日の空室を、主にシニアをターゲットに割安な宿泊プランとして提供。**平日の稼働率を上げたい施設とお得に泊まりたいシニアの需要をマッチさせる宿泊予約サービス**を展開している。

「土日祝祭日の宿泊予約サービスは、ＯＴＡもＴＴＡ（実店舗型旅行代理店）も、大手がひしめくレッドオーシャン。その点、平日の宿泊予約サービスに力を入れている会社は少ない。そこで、主に個人旅行のシニアを対象に情報提供し、予約を取るというニッチなビジネスでトップを目指している」と、ゆこゆこの徳田和嘉子社長は話す。

ゆこゆこのパソコン版のウェブサイト

同社が宿泊施設から得る手数料は至ってシンプルだ。宿泊料金が発生した場合のみ手数料をもらう完全成果報酬型になっている。ＯＴＡにありがちな、掲載順位を上げるための費用やクーポン費、キャンペーン費などは一切ない。宿泊施設にとっては、持ち出しばかりで予約が入らず損をするような事態が起こらず、不利益がない。それどころか、広告費などの費用負担ゼロで平日に１室でも２室でも埋まるのであれば、ゆこゆこを使わない手はない。そうした動機が働き、全国約３０００軒という数多くの宿泊施設がゆこゆこと契約している。

宿選びの入り口は紙媒体が正解

ゆこゆこも楽天トラベルなど他のＯＴＡと同様、ホテルや旅館の情報を掲載し、オンライン上で予約ができるウェブサイトを運営している。だが、現時点の高齢者を対象とした旅行サービスでは、オンラインだけの情報提供では十分にリーチできない。なぜなら、高齢者は新聞や雑誌など紙媒体を愛読してきた世代であり、ネット全盛の現代にありながら、いまだに紙面（誌面）で情報を得ることに愛着を持っているからだ。第３章の高齢者調査でも、紙媒体の代表格である新聞の利用率は56・２％、推定利用人口は２４４９万人に達した。昔より落ちているとはいえ、依然として紙媒体を読む高齢者は過半数に達している実態が垣間見られた。

そうした現状を受け、ゆこゆこはウェブサイトによるデジタルだけでなく、アナログ施策も駆使して手厚い顧客サービスを展開している。

まず、大きな武器となっているのが、年６回発行し、偶数月の20日前後に全国の会員に

宿泊情報誌『ゆこゆこ』にはホテルや旅館の施設、料理の情報、実際に宿泊した人の口コミ評価、宿泊した人の声などが載る。各ページの下には予約センターの電話番号とスマホ専用の2次元コードが掲載されている

無料で配送している宿泊情報誌『ゆこゆこ』だ。ＯＴＡでありながら、紙の情報誌も展開するという珍しいビジネスモデルで勝負している。例えば、この情報誌の関東版では約３５０ページにわたり、５００軒以上の宿の写真や各種プラン、口コミ評価などの情報を細かく掲載している。

シニア世代は、紙媒体を手に取り、情報を得ることに慣れている。スマホを持っていても、厚みのある情報誌のページを繰りながら、宿をゆっくりと吟味していくアナログなスタイルを好む人も多い。逆に、スマホやＰＣの画面で、キーワード検索などを駆使して、スピード重視で宿泊エリアや施設を絞り込んでいくのは、どちらかというと性に合わない。**アナログの紙媒体はシニア旅行者の入り口として有効であり、むしろ〝正解〟といえるのだ。**

情報誌を送るのは会員約８８０万人のうち１００万人だ。ゆこゆこでは、送付先の選定にも工夫を施している。情報誌を送付後、予約した顧客の性別や居住地、予約回数、予約を入れなかった休眠期間の長さなどの属性データをＡＩ（人工知能）に学習させ、会員の中から、予約をしてくれる期待値が高い属性の１００万人を毎回自動的に抽出し、宅配先に指定しているのだ。

こうして厳選されたユーザーの閲覧率は高い。ＡＩの読み通りに、より高い確率で予約へとステップアップしていく流れが期待できるというわけだ。企業にとっては、会員全員に送るよりも配送コストを抑えられ、利益率の向上にも寄与するだろう。

アナログとデジタルは2次元コードで橋渡し

だが、紙媒体の欠点は、スペースに限りがあり、載せられる情報が限定されることだ。施設内の設備や料理の写真、実際に宿泊した人の口コミは、掲載できる点数に限度がある。そこで、紙媒体の情報の不足を巧妙にカバーしているのが、ゆこゆこのウェブサイトだ。情報誌に掲載された宿泊施設の風呂や料理、部屋、外観・施設の情報が多数の写真と共に詳しく紹介され、2年未満の口コミもずらりと並ぶ。紙媒体だけではいま一つ施設の詳細が分からずに心配だったところを、ウェブサイトでチェックできれば、不安要素が減り、宿泊予約へと一歩近づくことができる。

ここで問題になるのが、紙の情報誌で気に入ったホテルや旅館を探し当てた人を、より詳細な情報や数々の写真が掲載されているウェブサイトにどう誘導するかだ。そこで、ゆこゆこが採用した**奥の手が、スマホ専用の2次元コードを、宿泊者情報誌の全ページにこれでもかこれでもかとしつこいくらいに掲載すること**だ。この2次元コードをスマホのカメラ機能で読み込めば、画面にゆこゆこのウェブサイトを表示できる。後はサイト上の入力

スマホで情報誌の2次元コードを読み込み、開いたウェブページで宿コードを入力すると、宿の情報にジャンプ。施設内や料理の写真をより多く確認でき、多数の口コミもチェックできる（画像は2023年5月時点、以下同）

窓に、紙面に掲載されている4桁の宿コードを入力すれば、自分が見たい宿の情報に簡単に飛ぶことができる。

「単に2次元コードを載せて、ウェブサイトに遷移できるように導線を構築しただけではないか」と思われるかもしれない。しかし、事はそう単純な話ではない。実は、シニア世代の行動特性を読み抜いた施策になっている。

というのも、ハルメクの事例でも触れた通り、スマホをうまく使いこなせない高齢者でも、カメラ機能で2次元コードを読み込むことだけは、誰もが無理なくできる操作だからだ。**2次元コードを見ると、反射的にスマホのカメラを向けてしまうほど、それは高齢者の行動に深く根付いている。**「2次元コードの読み込みをシニアの多くが使いこなしている実態は、ゆこゆこの会員向けの調査からも明らかになっている。2次元コードの活用は、シニア向けのデジタルサービスでは不可欠」と、徳田社長も言い切る。

結果、「まずはシニア層が好きな紙媒体で宿をゆっくり探してもらう」「気に入った宿が見つかれば得意の2次元コードでウェブサイトに遷移」「目を付けた宿を豊富な写真や情報でさらに深く検証」と、見事な導線が構築されている。

7割が活用するゆこゆこナビゲーターの電話サポート

ゆこゆこでは、もう一つ高齢者の実態に合わせたサービスを実装している。ウェブサイトで詳細な情報を確認し、泊まりたいホテルや旅館が決まった後、オンライン予約に慣れている世代なら、日程を選択してサイト上で決済するという手順を踏むだろう。だが、シニアの場合、高齢であるほどそのハードルは高い。「高齢な方の場合、指先が震えたり、操

作が苦手だったりする関係で、スマホで予約し決済まで進むことができないケースがある」（徳田氏）

予約時以外にも課題はある。「足腰が弱くなっているから、施設内ではできるだけ移動が少ない部屋に泊まりたい」「エレベーターの近くの部屋にしたい」といった宿泊場所に関する要望や、「食事の量を減らしてほしい」「ステーキは要らないから、他のメニューはないか」といった食事の希望などをどう吸い上げるかだ。こうした細かな希望をネット上でやり取りするのは、入力操作が苦手な高齢者にとっては至難の業だ。

そうした現実に対し、ゆこゆこは、さらなる〝アナログ〟で対応する道を用意している。それが「ゆこゆこナビゲーター」と称するスタッフが、電話での予約に対応するサービスだ。東京、北海道、愛媛、熊本の４拠点に最大２５０ブース、１日約１万件の電話に対応できる予約センターを設け、専門のスタッフが高齢者の様々な相談に乗りながら、希望の宿の予約をサポートしている。

予約センターの電話番号は宿泊情報誌の各ページの他、スマホからアクセスできるウェブサイトの宿泊プランのページにも掲載されている。タップするだけですぐに電話をかけられる設計だ。この電話予約サービスによって、スマホの操作が苦手な高齢者でも手軽に宿泊予約ができるようにした。電話での予約率は全体の７割と実に高い。ＯＴＡのウェブサイトでこれだけ分かりやすく電話番号を記載しているのは、ゆこゆこ以外にはほとんど見られないレアケースといえる。

再びＵＸ（ユーザーエクスペリエンス）を確認してみよう。旅への入り口となる情報誌でアナログから始まった宿選びは、２次元コードを経由して一度はデジタルのウェブサイトに移り、最後のクロージングで再び電話というアナログに戻ってくる。とことん、高齢者に寄り添ったサービスであることが分かる。一度使うと「次もゆこゆこで」と、離れられないユーザーが続出するのも理解できる。

さらに、特筆すべき点が、高齢者が館内で困りそうな事態を想定し、各宿泊施設のバリア

東京・銀座にある予約センターでは、ゆこゆこナビゲーターが利用者から電話を受け、宿泊情報誌やパソコン画面に表示される施設の料理情報、バリアフリー情報を見ながら、最適なプランを案内する

フリー情報を事細かく記録したデータベースを独自に構築していることだ。館内のどこに段差が何段あるのか、エレベーターから部屋までどの程度離れているのか、各部屋と食事会場の距離はどれくらいか。あるいは、脱衣所と洗い場、洗い場と浴槽に段差はあるのか、洗い場に座面が高めの椅子があるか、浴槽に手すりはあるのかなど、最新の情報がアップデートされ、確認できる。

「これらのデータは営業担当者が各施設に出向いて確認、計測している。施設に訪問した際、最初に館内のすべての段差を数えるのがルーティンワーク」（徳田社長）というほど、データベース化を徹底している。

バリアフリー情報はウェブサイトからも確認できる。予約状況のページで満室であっても、問合せボタンを押してゆこゆこナビゲーターに電話をすると、キャンセルが出ていないかを施設側に聞いてくれる

ゆこゆこナビゲーターは、電話で寄せられる高齢者の相談に対し、このデータベースを確認しながら、大浴場や食堂に近く移動が少なくて済む部屋や、エレベーター近くの部屋を案内するなど、次々と要望に応えていくのだ。もちろん、料理に関する細かなオーダーにも、該当するプランを提案するなどして、一つひとつ対応していく。

こうして、電話を併用した〝かゆい所に手が届く〟予約サービスを提供することで、利用者は希望通りの宿泊プランにたどり着くことができる。そして、この成功体験がゆこゆこに対する信頼を高め、リピートを生む好循環の原動力になっている。

もう一つ、ゆこゆこの電話予約サービスが優れている点は、パソコンやスマホの画面上では満室と表示されている場合でも、「問合せ」というボタンを押すと、ゆこゆこナビゲーターに電話がつながり、キャンセルなどで空室が出ていないか、利用者に代わって施設に問い合わせてくれることだ。

確認した結果、満室であっても、同じ施設の他のプランで泊まれないか、または他のホテルや旅館で類似のプランはないかをその場で相談できる。こうしてタイムリーかつ臨機応変に対応している点も、同社の電話予約サービスの魅力となっている。

開封率が高いメルマガの理由

シニアに訴求力の高い情報提供のツールとしては、前述の宿泊情報誌、ウェブサイトに加え、〝第3の武器〟もある。それがメールマガジンだ。「自社調べでは、一般的なメルマガの開封率は15％前後。しかし、ゆこゆこのメルマガの開封率はその平均よりも高い水準を保っている」と徳田社長。

なぜ、メルマガを開いてもらえるのか。理由の一つは、届く頻度の高さだ。毎日届くため、開封するのが半ば習慣化され、目を通してもらえる確率が高くなる。一般的には、メルメガの送付頻度が高いと受信者はストレスを感じ、メールのブロック率は高まると考える人が多いだろう。まさに逆張りの一手であるのだ。

興味を引くタイトルと内容も秀逸だ。筆者が試しに会員になった後、届いたメルマガのタイトルは、「【貸切風呂が無料】の宿をご紹介！」や、「９８００円以下でバイキング！好きなものを好きなだけ♪」「【新緑の時期にお勧めの絶景スポット５選】初夏を楽しむドライブ旅の計画を立ててみませんか？」など、興味をそそられる切り口で、思わず読んでみたくなるようなものが多かった。

メルマガを執筆するスタッフが文頭で実名を名乗り、読み手に話しかけるように書いている点も読む楽しさにつながる。「実名で語りかけるスタイルにすると、メールでも人柄や温かさを感じられる。シニアにはデジタル上のコミュニケーションに警戒心を抱く方もい

様々なテーマでお薦めのホテルや旅館を紹介するメルマガが毎日届く。発信者が冒頭で実名を名乗って語りかけるようなスタイルで、親近感、安心感を醸成している

るが、こうした書き方の工夫で、親近感や安心感を与えることにもつながる」（徳田社長）

予約をした利用者へのメールにもこだわりがある。予約後、まずプランの内容をメールで通知。出発前日には宿泊する現地の天気や気温、降水確率、服装のアドバイスといった、利用者なら気になる情報を記載したメールを送る。そして、旅行から帰ってきたら、もう1通。そこには、ゆこゆこを利用してくれたことへの感謝をつづった手書きの手紙の画像を添付している。

ネットでのサービスにも親近感や安心感を求めるシニアだからこそ、旅行前後に届くゆこゆこのきめ細かいメールに好印象を抱く人は多いだろう。こうした取り組みによって、ゆこゆこから届く案内に対しては、ひとまず開けてみようというマインドが醸成されるのかもしれない。

デジタル一辺倒でもアナログ一辺倒でもない。必要なのは、シニアが宿泊予約を行う場面を具体的に想定し、そのニーズに合ったツールを適材適所で提供することだ。

場面に応じてデジタルとアナログを行き来しながら、そのミックスによってシニアの使い勝手を担保していくアプローチこそが、シニアの旅行マーケティングを攻略する上での最適解の一つとなる。また、シニアの行動を具体的に想定し、デジタルだけでなく要所要所でアナログも入れていく設計は、旅行に限らず、他の業界でも有効といえるだろう。

第6章

【特別対談】
「80歳の壁」から見た、シニアにおける「デジタルの壁」の重要性

和田秀樹×原田曜平

2000万人超の高齢者市場 牙城を崩す鍵は〝デジタルの壁〟

（写真／山田愼二）

和田秀樹

1960年大阪市生まれ。85年東京大学医学部卒業後、東京大学医学部付属病院精神神経科、老人科、神経内科で研修。88年から高齢者専門の総合病院、浴風会病院で精神科医として勤務し、高齢者の認知症とうつ病の治療の研さんを積む。その後、東京大学医学部付属病院精神神経科助手、米カール・メニンガー精神医学校国際フェローとして精神分析学の研究を重ね、国際医療福祉大学赤坂心理・医療福祉マネジメント学部心理学科教授を経て、現在、立命館大学生命科学部特任教授、一橋大学経済学部・東京医科歯科大学非常勤講師、和田秀樹こころと体のクリニック院長日本で最もお金を持っているのがシニア層だ。日本の金融資産約2000兆円のうち、60歳以上が約6割、1200兆円を保有している。だが、「財布のひもは固い」が通説。そのため、人口の3割を占めるのに、高齢者市場は今なお未開拓といっても過言ではない。

どうすれば、シニアの心の扉を開くことができるのか――。この難題に対する答えを求め累計80万部のベストセラー『80歳の壁』（幻冬舎新書）の著者で精神科医の和田秀樹氏と、本書の筆者・原田曜平との特別対談を実施。両者が、これまで高齢者としてひとくくりにされてきた「シニア」のリアルについて徹底討論した。

両氏による対話から見えてきた牙城攻略の鍵、それが〝**デジタルの壁**〟だ。

そこにエビデンスはあるか？

原田曜平（以下、原田） 今回、高齢者専門医であり、高齢者医療や諸事情に関する著書も多い和田秀樹さんと、マーケティングを専門とする私、原田の対談が実現し、うれしく思います。精神科医として高齢者医療はもちろんのこと、そのインサイトや生活の実態にも詳しい和田さんとの議論によって、今は全く手つかずの状態と言ってもいい高齢者マーケティングをどう捉えればよいか、どんな施策が考えられるのかを提示できればと思います。

和田秀樹氏（以下、和田）　私もテレビで何度か共演し、マーケティングの専門家として活躍されている原田さんと、高齢者市場について議論できて光栄です。

さて、本題に入る前に、今回の原田さんの本に関して、大きく評価し、素直に尊敬している点について言及したいと思います。それは、高齢者について、しっかり調査し、エビデンスに基づいて考えや施策を導き出していることです。

私も数千人の患者を診察、治療する中で分かってきたことを本にまとめて、世の中に訴えています。例えば日本では、「血圧は下げろ」というのが常識の中、私は高齢者に関しては「血圧をあまり下げるな」と反対のことを主張して、物議を醸すこともしばしばです。けれども、血圧を下げる薬を飲めば副作用があります。それに、血圧が高めのほうが、頭がはっきりしていて、高齢者にとってはそのほうが良いケースも多いのです。それらは患者を診てきた私の経験から話しているわけですが、医療関係者からは「嘘つき」「インチキ」といわれのないレッテルを貼られてしまうのです。

原田　私も高齢者は血圧を下げたほうがいいと思っていました。

「コレステロールを減らせ」は間違い

和田　けれどもそれは、例えば、血圧を下げた場合と下げなかった場合の5年生存率はどちらが高いのかなど、きちんと調べないと分からないことです。だから、もし私の言うことが嘘だというのなら、しっかり大規模な比較調査をしてくださいと言っているのです。しかし、その調査は一向になされないわけです。

そもそも、血圧を下げたほうがいいと声高に言われた理由は、１９５１年から80年までの死因のトップが脳卒中だったからです。昔の人は血管の材料となるたんぱく質の摂取が不足していたから、血圧が１５０、１６０の人でも脳卒中を発症していました。

その点、今は栄養状態も体質も昔の人とは違います。それに、血圧の正常値は一般成人を対象としており、高齢者が本当はどのくらいの血圧が最も死亡率が低いのか、色々と調べれば分かるはずです。例えば、原田さんのような体格の人に医者であれば「やせろ」と指示するわけですけど、私だったらそうは言わない。なぜなら、原田さんくらいの体格の人が一番長生きする可能性が高いからです。

原田　えっ、今必死にダイエットしているのですが（笑）。

和田 ＢＭＩ（体格指数）は25～30の人が一番長生きできるのです。これは珍しく日本で調べた結果分かったことで、宮城県の郊外の住民５万人を対象に大規模調査を行い、40歳時点での平均余命から割り出した数字です。こうして調べると、予想と違う〝別の正解〟がたくさんあります。だから調査は重要なのです。

他にも、日本では米国に倣って「コレステロールを下げろ」と言われますが、これも眉唾物かもしれません。米国は心疾患が死因のトップで虚血性心疾患も多い国だから、確かにその原因と考えられるコレステロールは下げたほうがいい。一方で、日本ではがんで死亡する人が心筋梗塞の12倍もいます。そうした中、コレステロールは免疫細胞の材料であり、虚血性心疾患は減るかもしれないけど、逆に免疫細胞が減って、がんに影響が出る可能性があるわけです。現に、米ハワイでの住民調査では、コレステロールが高い人ほどがんになっていないことが分かっています。

原田 確かに、コレステロールは減らせというのはよく耳にします。事実を知るためには調査は重要ですし、その国の事情も加味する必要があるということですね。

和田　そうです。さらにいうと、コレステロールが高い人のほうが、男性ホルモンがよく出ます。男性ホルモンが出れば活力がみなぎり、高齢男性であれば元気になります。女性でいえば、コレステロールは女性ホルモンの材料になるため、骨粗しょう症になりにくくなります。日本は、人口比で見れば世界一、心筋梗塞で死なない部類の国ですから、特に高齢者に「コレステロールを下げろ」と言うのは間違いである可能性が高いわけです。

日本の高齢者は世界一賢くて金持ち

原田 今回、私がこの本をつくろうと思ったのは、本書の中でも述べている通り、平成時代の中期、マーケティングの世界で「アクティブシニア」というキーワードが叫ばれ、大流行したことがきっかけです。蓋を開けてみると全くそんなことはなく、思っていたように盛り上がらなかったのです。高齢者の人口が多くなり、その人たちがみんなアクティブになると思い込んでいたのが敗因です。

そこで同じ轍を踏まないために大事だと考えたのが、きちんと実態を調べること。当然のことですが、高齢者の中にはアクティブな人もそうでない人もいます。調査をしてそこをしっかり見極めることが肝心であり、その上で、どの層を狙うのか分析して実践することが重要だと思ったのです。

和田　その調査は、今だからこそ非常に意義があると思います。というのも、歴史的背景から見ると、**現在の日本の高齢者は〝世界で一番頭がいい〟**と言えるからです。１９９０年代半ば、数学力で日本の中学生がトップの座を明け渡し、代わりに躍り出たのが韓国や台湾でした。そのため、今の40歳前後より下の世代は韓国や台湾のほうが勉強はできるといえます。現役世代の主力の頭がいいわけですから、彼らがＩＴで世界をリードするのは当然の帰結です。その意味で、日本が高度経済成長からバブル期まで繁栄できたのも、一般労働者の頭が良かったからです。

特に、それが顕著に表れたのが今の団塊の世代です。若い時分に史上空前の受験戦争を経験し、同い年２６０万人のうちその多くが大学受験をしています。大学の定員は今よりずっと少なかったので、大学進学組は秀才ぞろいです。かつ、大学に行けなかった人も頭が良い。その団塊の世代が後期高齢者になり、その下の高齢者も長年数学力で世界のトップを維持してきた世代ですから、今の高齢者の知的レベルは世界で一番高いといえるわけです。

加えて、団塊の世代は終身雇用、年功序列でしっかりとお金を貯めてきた高齢者です。**これほど賢く、お金を持っている高齢者が固まりでいる国は、他に見当たりません**。今こそ、原田さんの調査と分析を参考にして、高齢者マーケティングを仕掛けるときだと私は思います。

原田 和田さんの2022年出版の著書『80歳の壁』も、80歳直前でそれを意識せざるを得ない団塊の世代に、よく売れたのではないでしょうか。

和田 その通りです。私はこれまで何冊も高齢

「高齢者マーケティングにはしっかりとした調査が必要」と話す、和田秀樹氏

者向けの本を書いてきています。古くは１９９６年に出版した『老人を殺すな！』（現・ＫＫロングセラーズ）という本で、私が浴風会という高齢者専門の総合病院に在籍し、そこで判明したことを記しました。血圧、血糖値が高めの人のほうが元気であるなどの事実で、高齢者と若者の医療は違うはずだと訴えました。けれども、ほとんど反響はありませんでした。

しかし、風向きが変わってきたのが近年です。２０２１年、『70歳が老化の分かれ道』（詩想社新書）という本を出すと、これが40万部以上のヒットを記録したのです。それに続いたのが、『80歳の壁』の大ヒットです。私に言わせれば、「機は熟した」ということ。つまり、高学歴で知的で本もよく読む団塊の世代が後期高齢者になり、ようやく読者対象になったことが大きいと思っています。そんな80歳の壁を前にした団塊の世代やそれ以降の世代も含めて**高齢者全体が相当知的になっており、今と15年前の高齢者とでは、だいぶ事情が違ってきている**というのが私の実感です。

原田　私たちが行った今回の調査ではいくつか大きな発見があったのですが、そのうちの一つが、和田さんが提唱する〝80歳の壁〟が確かに存在したことです。80歳を超えると、PCやスマホなどデジタルが使える率ががくんと下がります。その他にも色々な指標が一気にマイナスになるのが80代でした。
　一方で、例外もありました。それが、80歳になろうが、デジタルを使いこなせている人は、健康であり、可処分所得も高いなど、色々なプラスの指標が正の相関を示していたことです。すなわち、年齢にかかわらず、デジタル高齢者はハッピーであり、**〝デジタルの壁〟こそが、健康や可処分所得、満足度、幸せか否かを隔てる重要なファクター**である、と分かったことが、この本で伝えたい一番の発見だと考えています。

和田　私も同感です。デジタルの壁は高齢者の生活の質を分ける大きな問題だと思います。
　というのも、私自身が『80歳の壁』を出したとき、それを痛感したからです。一つ前の『70歳が老化の分かれ道』では、「マスコミが騒いでいるほど高齢者による自動車事故は多くない。だから、免許は返納するな。返したら外出する機会がなくなり要介護一直線だ」と書いたら、それがすごく受けた。高齢者の場合、特に地方では郊外型の書店に自家用車で行って本を買う場合が多く、その人たちにとって免許の返納は自分の足が奪われる死活問題だから、共感を得られたわけです。50冊買って友達に配ったというエピソードも聞いています。

ところが、『80歳の壁』では、違った現実を目の当たりにします。この本も同じように郊外型書店で売れると思ったら、初期の段階で直面したのは予想外の現象でした。Amazonで飛ぶように売れたのです。それは、私にとっては一番の驚きであると同時に、いよいよ**後期高齢者もＥＣ（電子商取引）を使い始めた**ことを実感させられる出来事だったのです。

原田　今回の調査では、高齢者全体のAmazonの利用率は約３割、楽天市場は約２割でした。しかし、ＰＣやスマホの所有者だとその割合が一気に増え、ＰＣを持っている人ではAmazon利用率は約７割と跳ね上がります。**デジタル高齢者かどうかで、買い物格差が露骨に出ている**といえます。

「高齢者は消費者ではない」誤解して損する企業

和田　高齢者の知的レベルが高くなっていますから、私の本のように心に刺さる商品を提供すれば、ヒットする確率は高いと思います。しかし、問題は経営者の頭の固さです。私がいくら「高齢者は昔とは違う。変わってきている。今こそニーズに合った商品やサービスを提供すべき」と訴えても耳を貸そうとしません。

これはテレビ番組にもいえます。昭和末期から平成にかけて、ホワイトカラー職種が大量に定年退職しました。今も同職種の定年退職は多い状況です。そうした人たちは必然的にテレビの視聴時間が以前より増えるはずです。それなのに今は、「高齢者がテレビで見たい番組がない」というのが実情。特に深夜帯に見る番組がないと、私の友人たちは嘆いています。高齢者は早寝早起きという昔ながらの刷り込みがテレビ局側にあり、全く相手にしていないからです。

原田　本書でも触れたのですが、それは深夜帯に限らず、テレビ番組全体が「コア視聴率」を指標にするようになり、高齢者はもはや排除されているのが実情です。行き場を失った高齢者はYouTubeを見るようになっています。テレビ離れした代わりにYouTubeを視聴しているのは、まさに若者と同じ傾向であり、皮肉としかいいようがありません。

「高齢者はYouTubeを見るようになっている」と語る原田氏

和田　私のひがみかもしれませんが、仮にも『80歳の壁』は、２０２２年に日本で一番売れた本ですよ。確かに出版業界、雑誌業界の執筆依頼や取材の数は、それはすさまじい量でした。しかし、テレビ局から、本をベースに高齢者向けの情報番組をやりたいという相談は皆無だったのです（笑）。それに、私がいくら高齢者マーケティングはこれからが本番だとアピールしても、メーカーもサービス業も、旅行業者においても、「一緒に高齢者向け商品やサービスをつくりましょう」と言ってきた企業はゼロです。

私はマーケティングの専門家ではありません。しかし、高齢者向けの本でベストセラーを連発しており、シニアのヒットのツボは心得ています。それなのに声がかからないということは、彼らは「高齢者は消費者ではない」と思っている証左ではないかとさえ思っています。

もちろん、健康食品やサプリメントメーカー、老人ホーム、終活業界は高齢者をターゲットにしています。けれども、そうしたシニアビジネスの常連以外にも、もっと参入企業があってしかるべきなのに、一向にムーブメントが起きない。例えば、デジタル分野がもっと売れると見越し、もう少し高齢者が使いやすいスマホをつくろう、高齢者向けのPCをつくろうという流れがあってもいいのに、そんな動きすら、ほんの一部を除いて見られないのです。

原田　そうした提案があれば、デジタル高齢者の割合も変わり、高齢者市場に好影響を与えていたかもしれませんね。

和田　私はよくタクシーに乗るのですが、そこでもかみ合わない状況を目にします。タクシーの後部座席に設置されたモニターに流されているタクシー広告です。広告の内容はDXの話ばかりです。会社の経営者も乗るかもしれませんが、都市部を中心にタクシーを利用するのは、通院したり、買い物に行ったりする際に乗車する高齢者が非常に多いはずです。私は病院勤めしていますからよく分かるのですが、高齢者は病院から帰宅するとき、その多くがタクシーを使います。東京駅でも電車という移動手段があるのに高齢者はタクシーに乗るわけです。

そうであれば、例えば量を半分に減らしたおひとりさま用の懐石の店を宣伝したり、高齢者一人でも参加できる旅行ツアーの案内をしたりするなど、高齢者向けの広告を流すことが有効なのに、そんなそぶりは一切ない。

高齢者は、金融庁が２０１９年に発表した「老後２０００万円問題」があって財布のひもが固いから消費が盛り上がらない——。そのように思い込んでいる節がありますが、私に言わせれば、**企業の経営者側からの仕掛けが足りなさ過ぎる**。それこそが、消費低迷の原因ではないかと思っているほどです。

いちずな高齢者をなぜつかまえないのか

原田　**高齢者の良いところは、商品でもサービスでも、一度気に入ればずっと使ってくれることです。**若者は移り気なので、別のトレンドが出たら、さっと乗り替えてしまいます。若者ほどではないですが、40代、50代の中年もライフスタイルや嗜好の変化によって、長期的に見ればブランドスイッチが起こりがちです。一方で、高齢者はロイヤルティーが高く、生涯使い続けてくれます。

和田　そうです。私の本も一定のファンが付いてくれて、最近では出版すると当たる確率が高くなっています。それに、毎年１５０万人が新たに80歳になるわけで、パイは膨らみ続けている。私は高齢者専門の物書きで生涯食べていけそうです（笑）

原田 数年後、団塊の世代が80歳になり始めたら、毎年一気に２００万人が流入してきます。

和田 高齢者向けに商売したって、「どうせ彼らは亡くなって消費が消えるから無駄」なんて言う人がいるけど、的を射た本を書けばそれなりにブレークするし、次々と顧客が追加されていくから、**マーケットとしては有望と見るほうが妥当**なわけです。にもかかわらず、高齢者をターゲットにしためぼしいサービスが極端なくらい少ないのが現状です。

それは医者の世界も同じ。大学病院の診療の仕組みがまさにそうです。大学病院では、循環器内科、呼吸器内科、消化器内科と、専門ごとに分かれていますが、高齢者はいくつも悪い部位があるから、本当は総合診療といって、一人の医者が全部診て薬を処方するほうが理にかなっているわけです。現に英国では、そうした総合診療医と専門医が半々の割合です。一方、日本は０・１対９・９で、総合診療を行っている施設はほとんどない状況です。ニーズを見て見ぬふりをするのは、医者の世界もビジネスの世界も同じといえます。

原田　私たちの調査では、単純計算でいうと、日本人で60代以上の人口約４０００万人のうち、半分の約２０００万人がスマホなどを保有するデジタル高齢者であることが分かっています。デジタル高齢者であるほど、可処分所得や元気な率が高かったりするため、この２０００万人はそれなりに優良なマーケットであると考えられます。**高齢者の半分といっても、元々のボリュームがあるため、十分に巨大な市場が目の前に存在している**のです。

2000万人市場がほぼ放置されている状況に、両者は警鐘を鳴らす

もっと狙う企業があっていいはず。なのに、今はそれよりも数が少ない若者、Ｚ世代の市場開拓に力を入れているのが実情です。なぜ、そうなるかというと、「若い人のほうが、市場インパクトが大きい」と考えてしまいがちだからです。確かに団塊の世代が20代の頃は、世代的に数が多く、お金もたくさん使っていた。しかし、今は時代が変わっています。それなのに「若い世代は消費するパワーがある」と、いまだに昔の幻想を引きずっているのです。

私はＺ世代マーケットも専門なので、現状をうれしく思う一方で、それ以上に有望な２０００万人市場がほぼ放置されている状況は看過できず、本書をきっかけに流れを変えたいというのが正直なところです。

女性の〝消費進出〟に備えよ

原田 今回、調査結果を基に私たちは独自のペルソナを設定しましたが、その中で、仕事や消費、行動が活発な女性を「生涯アクティブウーマン」と分類しています。ただ、このペルソナに限らず、高齢者では女性がアクティブで元気な印象を受けます。医学的に理由付けはできますか。

和田 これは、女性は更年期から閉経後になると男性ホルモンが増えるからです。先述の通り、男性ホルモンは多いほど意欲的になる傾向があり、これは男性だけでなく女性でも一緒です。だから、高齢者の団体旅行も大概が女性のグループです。私の著書も意識して男性目線で書いているにもかかわらず、読者は女性のほうが多いのが実情。私は地方へ講演に行く機会もありますが、そこでも来場者の８割は女性です。男性のほうがアクティブで女性より商品やサービスを購入すると思われがちですが、**高齢者市場は、実は女性に照準を合わせたほうがヒットする確率が高くなる**という見方もできます。

原田　医学的にいうと、高齢の女性マーケットに潜在顧客がわんさかいて、チャンスが転がっているということですね。

和田　その潜在顧客を目覚めさせたのが、高齢女性をターゲットに大成功した情報誌『ハルメク』じゃないですか。女性誌には、『ＪＪ』や『ＣａｎＣａｍ』、その上の世代向けの『ＣＬＡＳＳＹ.』『ＶＥＲＹ』などがあるのに、従来、60代以上は「おしゃれはしない」と勝手に決め込み、健康情報誌しかなかったところに、高齢者向けファッション誌として『ハルメク』が登場し、大当たりしたわけです。

今後、高齢者女性はもっとアクティブになっていくと思います。私が今63歳（２０２４年5月時点）ですが、世代論でいうと、ちょうど私くらいの年齢から女性の総合職が出てきました。結婚しないで働く女性もかなり増え、短大卒ではなく四大卒の女性のボリュームもぐっと伸びています。そうした女性たちが、今から高齢者の仲間入りをしていくわけです。つまり、**女性の社会進出後に巻き起こるのが、〝女性の消費進出〟であり、これからが、アクティブシニア女性の本格的な消費が顕在化する〝本番〟といえる**でしょう。

原田　女性は専業主婦で、夫に相談しないと物が買えない、という昔ながらの感覚ではマーケットを見誤る可能性があるということですね。

和田　原田さんからデジタル高齢者の話が出ていますが、デジタルに関連していうと、今後は時代ががらりと変わると見ています。テクノロジーが「ＩＴ」から「ＡＩ（人工知能）」に取って代わるからです。ＩＴは道具だから、こちらがやり方を覚えなければばならなかった。それに対し、こちらが指示をすると、やり方を考えてくれるのがＡＩです。したがって、ＡＩの時代になると、基本的に口頭で指示するだけで言うことを聞いてくれ、困り事や課題が解決していく世の中になっていくわけです。これは、テクノロジー弱者、情報弱者の高齢者にとって福音となるに違いありません。

知人であるコンピューター学者の落合陽一さん（筑波大学図書館情報メディア系准教授）に聞いた話ですが、人間の言語力にＡＩが追い付くのは、当初26年といわれていました。それが、米オープンＡＩの「ChatGPT」の登場でも分かるように、23年に実現してしまったというのです。

つまり、こちらがこんな文章をつくってと言えばつくるし、何か話したら答えてくれるコミュニケーションが、技術的には既に成り立つようになっています。例えば、高齢の女性が「夫に先立たれて、こんなつまんない人生はない」と話すと、「そんなことないですよ。あなたにはこれもあれもあるじゃないですか」と話し相手になり、ときには面白い話もしてくれる。そんなＳＦみたいなことが現実的に可能になっているわけです。

原田　その話でいうと、２０２３年に若者の間ではやったのが「話聞くよおじさん」というアプリです。利用者が「彼氏に全然連絡が取れない」などと悩みや相談をチャットで送ると、ランニングシャツ姿のおじさんキャラクターに扮したＡＩが、「気持ちはわかるよ」「こうしたらいいのでは」と、それを受け止めて返答してくれる対話型アプリになっています。

若者は同世代に相談しても、どうせアドバイスの中身は薄っぺらで不十分だと思っています。その点、人生経験豊富なおじさんの助言は期待でき、若者の利用が殺到したわけです。他にも若者のニーズに合わせてＡＩを活用した様々なアプリやサービスが登場しています。それなのに、和田さんが言うような高齢者向けのサービスは全くない。

和田　そう。高齢者向けのほうがもっとニーズがあるし、仮にサービス利用料が月1万円だとしても、払う人は多いと思います。若者にとって月1万円はきついでしょう。その意味で、**高齢者のほうがAIのビジネスチャンスにあふれています**。けれども、せっかくＡＩが人間並みの会話力を持ってきているのに、高齢者向けに面白いことをやろうとする動きが見られません。技術者に「こんなものがあったらいいからつくって」といえば、「そんなの簡単」とすぐに実現する気がします。現状はそれをやる人が単にいないだけです。

今が、高齢者市場を切り開くラストチャンス

原田　今、お金の話が出ましたが、今回の調査では１カ月に使える可処分所得が５万円以上と回答した高齢者は約３割で、平均可処分所得額は９万円となっています。一方、PC保有者では平均約13万円、スマホ保有者では約12万円と、**デジタル高齢者であるほど平均可処分所得額が高くなる**傾向を示しています。

つまり、デジタル高齢者（約２０００万人）の約３割、推定人口約６００万人は月12万〜13万円は個人で消費することが想定でき、夫婦で換算すると、場合によっては20万円以上の消費が期待できるということです。そうした中で、月１万円の出費はそれほど痛くもかゆくもないでしょう。

和田 我々の世代は、女性はもとより、男性も若い頃にＤＣブランドがはやり、服にお金をかけた体験があります。一方で、私の娘は服にかける金額が驚くほど安い。彼女が高校生のとき、買い物に付き合ってというからついて行ったら、10着買って2万〜3万円しかかからないのです。私が大学生の頃は、1着に5万〜6万円払っていたわけですから、隔世の感があります。昔は親より子供のほうがファッションにお金を使っていたのに、今はそれが逆転しているわけです。

原田 新人類もバブル世代も、服にはお金をかけています。それが団塊ジュニア世代くらいからファストファッション全盛期になり、あまり使わなくなった。Z世代に至っては、中国の激安アパレルのSHEIN（シーイン）などがはやり、ファッションのデフレ化は、下の世代になればなるほど、進行しています。

和田 そう考えると、**高齢者マーケットを切り開くのは、今からがラストチャンス**という見方もできるわけです。もちろん、原田さんが言うように団塊ジュニア世代はボリュームがあるため、有望な点もあります。ただ、**高齢者に単純に高額なものを買ってもらうのは、我々世代（しらけ世代）からバブル世代までがピーク**ではないでしょうか。

高齢者の意欲を高めるのは「デジタルの力」

原田　今回の調査では、現時点でデジタルを使える高齢者がより健康であり、よりお金を持っていることが、データで示されましたが、和田さんに医学的見地からもう一歩踏み込んで聞きたいことがあります。それは、今はＰＣやスマホを活用できていない人でも、それらを十分に使いこなせるようなデジタル高齢者になると、何かプラスの要素はあるのかという点です。

和田　私はあると思います。ＰＣやスマホに新たにチャレンジすると、高齢者にとって非常に重要な前頭葉が刺激され、鍛えられるからです。脳の中でも前頭葉は加齢とともに最も早く老いて、機能が落ちる部位です。しかし、新しいこと、意外なことを経験すると活性化し、能力がキープされやすいのが特徴です。

前頭葉が鍛えられるメリットは大きく、クリエイティブになったり、感情をコントロールできるようになったりするわけですが、それらに加え、最も大事な点は「意欲が上がってくる」ことです。

原田 デジタル高齢者は現在の生活に対する満足度が高いという調査結果が出ていますが、満足度が高いというのは、意欲が上がっていると言い換えられますね。

和田 年を取って一番大切なのが、その意欲をどう維持するかということ。意欲がある人は頭も筋肉も使い続けるから、ずっと元気でいられるのです。

ところが意欲が無くなってしまうと、本や新聞を読まなくなって、散歩も運動もしなくなる。頭も筋肉も使わなくなるから、急激に衰えてしまうのです。逆に元気になれば、消費意欲も湧いてきます。

国の施策でも、民間企業による施策でも、何でもいい。高齢者にPCやスマホを保有してもらい、そのリテラシーを高める支援をどんどんやったらいいのです。それが、高齢者本人にとってもマーケットにとってもウィンウィンになれる道です。デジタル高齢者をどれだけ増やせるか。そして、そのデジタルリテラシーをどれだけ高められるか。それができるか否かが、日本経済や高齢者の幸せを、今後、大きく左右するのではないでしょうか。

第6章
【特別対談】
「80歳の壁」から見た、シニアにおける「デジタルの壁」の重要性

おわりに

若者マーケは韓国の一人勝ち

21世紀は〝アジアの世紀〟といわれる。爆発的に人口が増え、世界の中での影響力が飛躍的に高まっているからだ。中国14億人、インド14億人、東南アジア7億人、日本1億人、韓国５０００万人。アジア全体では46億人と、世界人口の約６割を占めるほどだ。

アジアの映画作品や俳優が世界で認められることも多くなった。米アカデミー賞で、非英語で初の作品賞を受賞した韓国映画『パラサイト 半地下の家族』（２０１９年公開）、アジア人初のアカデミー賞主演女優賞受賞のミシェル・ヨーなど枚挙にいとまがない。世界の視線はアジアに釘付けされている。

こうした状況を巧みに利用し、国策としてアジアの若者マーケットを開拓したのが隣の韓国だ。アジアには若者が多く、韓流が彼ら、彼女らの間で大ブームを起こしている。日本でも状況は同じだ。Ｚ世代女子にとって、今やトレンドスポットは、必ずしも東京・渋谷や原宿ではない。韓国の店舗や流行が集積する東京・新大久保になりつつある。女子大生は、休みとなれば、韓国に渡航する話ばかりしている人も多い。

残念ながら、若者マーケットの攻略で日本は韓国に惨敗した。音楽も、映画・ドラマも、俳優も、ファストファッションからメーク、そして食べ物、飲み物に至るまで、すべて完膚なきまでに、根こそぎ市場を奪われてしまった。韓流はエンターテインメントの本場、米国にも輸出され、韓国のアイドルグループであるＢＴＳはビルボードの頂点に立った。

若者で負けた借りは、高齢者で返す

だが、若者で負けた日本にも逆転の余地が残されている場がある。それが、何を隠そう高齢者市場だ。日本はアジアでも最も高齢化が進んだ、言ってみれば高齢化先進国だ。高齢化はピンチに見えて、実はチャンスだ。言うまでもなく、高齢化のトップランナーである日本は、いち早く高齢者マーケティングを開拓し、そのノウハウを持って先導者になれる可能性を秘めているからだ。

アジアは若者が多いという話をしたが、一方で高齢化もじわじわと進んでいる。中国は一人っ子政策のつけで少子高齢化が進行している。韓国も出生率が低く、高齢化が進んでいる。東南アジアの中で発展が早かったタイも平均年齢が40歳近くになっている。今は平均年齢が20代のフィリピン、インド、インドネシア、30代前半のベトナムも、いずれは高齢化に直面することになる。

そのチャンスを逃してはならない。なぜなら、アジアの国々とは価値観が近く、日本で成功した高齢者マーケティングが、その国に合わせて多少のアレンジを加えつつ、横展開できる可能性が高いからだ。さらに有利な点がある。既にアジア各国には、スマホをはじめとしたデジタルが普及していることだ。中国では、高齢者がネットショッピングや電子決済でスマホを使いこなすのは当たり前の光景で、日本以上にシニアのデジタル化が進んでいる。

デジタルが普及しているということは、スマホを軸にした広告やサービス、消費をアジア全体へ横展開するのが容易だということを意味する。それは、韓国が若者に韓流を広めたのと同じアプローチだ。それを今度は日本がアジアの高齢者に照準を合わせ、全面的に展開する。この未来予想図は必ずや実現しなければならない。若者で負けて、高齢者でも負けることは許されない。

豊かなアジアの高齢者を狙い撃ち

だからこそ、今、日本で一刻も早く高齢者マーケティングに着手し、あらゆる施策の〝実験場〟として推進し、手数や打ち手をどんどんため込んでいく必要がある。そうして来るべきアジア全体の高齢化を狙い撃ちする。それこそが、日本がアジアで、そして将来的には世界のマーケットで〝逆転勝ち〟するシナリオにほかならない。

アジアはデジタル化が進んでいるだけでなく、以前に比べて格段に豊かになってきている。すなわち、豊かでデジタルデバイスとその活用スキルを持っている高齢者が増えてきており、今後はそのボリュームが急拡大することは間違いない。未来に向け、アジアに向け、そして、世界に向けて高齢者マーケティングの口火を今こそ日本で切る。それよって、一度は敗れたアジアの世紀の覇者になる。見えてきた日本の勝ち筋に乗るか、乗らないか。答えは既に決まっているはずである。

２０２４年６月

原田曜平

著者略歴

原田曜平（はらだ・ようへい）

マーケティングアナリスト
芝浦工業大学デザイン工学部教授

1977年生まれ。慶應義塾大学商学部卒業後、博報堂に入社。ストラテジックプランニング局、博報堂生活総合研究所、研究開発局を経て、博報堂ブランドデザイン若者研究所リーダー。2018年に退職し、マーケティングアナリストとして活動。芝浦工業大学デザイン工学部教授、信州大学特任教授、レイヤーズ・コンサルティング顧問を務める。03年、JAAA広告賞・新人部門賞を受賞。著書に『平成トレンド史』『それ、なんで流行ってるの?』『新・オタク経済』などがある。19年1月より渡辺プロダクションに所属し、フジテレビ「新・週刊フジテレビ批評」、フジテレビ「ホンマでっか！？TV」、NHK「有吉のお金発見 突撃!カネオくん」などに出演。

日経クロストレンド

「マーケティングがわかる　消費が見える」を編集コンセプトとするオンラインビジネスメディア。顧客相手のビジネスを展開している限り、携わるすべての人が「マーケター」です。顧客に寄り添い、課題を解決するヒントを探るべく、日経クロストレンドでは、マーケターのためのデジタル戦略、消費者分析、未来予測など、多彩なテーマの記事を平日毎日お届けします。また、第一線で活躍するマーケターを招いた各種セミナーイベントも定期的に開催。あらゆるマーケティング活動やイノベーション活動を支援します。
https://xtrend.nikkei.com/

「シニア」でくくるな！

〝壁〟は年齢ではなくデジタル

2024年6月28日　第1版第1刷発行

著　者　原田曜平
発行者　佐藤央明
発　行　株式会社日経BP
発　売　株式会社日経BPマーケティング
〒105-8308　東京都港区虎ノ門4-3-12
編集協力　高橋 学
編　集　寺村貴彰、酒井康治（日経クロストレンド）
装　丁　中川英祐（Tripleline）
制　作　關根和彦（QuomodoDESIGN）
印刷・製本　大日本印刷株式会社

ISBN　978-4-296-20536-3
Printed in Japan